DIE ENTWICKLUNG DER INDUSTRIE

ANDREW LANGLEY

KARL MÜLLER VERLAG

Bildnachweis

Die Herausgeber danken insbesondere David Topliss vom National Maritime Museum, D. W. Harriss vom Beamish Open Air Museum und Josselin Hill von der Quarry Bank Mill; Bill Le Fever, der die Illustration der Klarsichtseiten und des Titels besorgte, sowie den Institutionen und Privatleuten, die den Abdruck der folgenden Bilder genehmigten:

Archiv für Kunst und Geschichte, Berlin: 8 (oben links), 15 (oben links), 24 (oben links), 37 (Mitte), 39 (oben rechts, Mitte rechts)
The Bettman Archive: 16 (unten links), 19 (oben rechts), 27 (unten links), 34 (oben links)
Bridgeman Art Library, London/Bonhams, London: 5 (oben rechts), /Broadlands Trust, Hants: 43 (unten links)/**Dr. C. I. Davenport Jones, London:** 7 (oben rechts), /Eremitage, St. Petersburg: 4 (oben rechts), /**National Railway Museum, York:** 24 (Mitte rechts, unten rechts), /Phillips, The International Fine Art Auctioneers: 29 (unten rechts), /**Privatbesitz:** 14 (oben links), /Royal College of Surgeons, London: 37 (Mitte rechts), /**Universität Dundee**: 38 (Mitte rechts), /Mit freundlicher Genehmigung des Kuratoriums des Victoria and Albert Museums, **London:** 30 (oben links), 43 (Mitte oben)
e.t. archive: 11 (unten rechts), 15 (unten links), 26 (unten rechts), 44 (oben links)
Mary Evans Picture Library: 13 (oben links, Mitte rechts), 19 (unten rechts), 29 (oben rechts), 35 (Mitte links), 36 (oben links)
Vivian Fifield Picture Library: 10 (oben links), 18 (oben links, Mitte links), 21 (unten rechts), 35 (unten rechts)
Hulton Deutsch Collection: 26 (oben links), 31 (oben rechts), 32 (unten links), 43 (oben rechts, Mitte rechts, unten rechts), 45 (rechts)
Image Select/Ann Ronan Collection: 6 (oben links), 9 (unten rechts), 15 (oben links), 37 (unten links)
Peter Newark's Pictures: 12 (oben links), 13 (oben rechts), 20 (unten), 22 (oben), 27 (Mitte links), 31 (oben), 32 (Mitte links)

Illustratoren:
Philip Hood: 8-9, 16, 26, 27, 30-31
Bill Le Fever: 17, 25, 33, 40
Richard Hook: 46-47
Kevin Madison: 4, 30
Chris Orr: 6, 7, 23, 45
Richard Berridge: 34, 35, 38, 38-39
Mark Stacey: 6-7, 44, 45
James Field: 4-5, 12-13, 28, 29, 36, 37
Tony Randall: 9, 10, 11, 14, 15, 18, 20, 21, 24, 42, 43
Wayne Ford: 12
Roger Stewart: 19
John Fox (Arcana): 22-23

Redaktion: David Riley
Seriendesign: Jervis Tuttell, Mark Summersby
Bildrecherchen: Emily Hedges
Herstellungsleitung: Linda Spillane

© Reed International Books Ltd., 1994
© der deutschsprachigen Ausgabe:
Karl Müller Verlag, Danziger Str.6, D-91052 Erlangen, 1994

Alle Rechte vorbehalten.

Kein Teil des Werkes darf in irgendeiner Form (durch Fotokopie, Mikrofilm oder ein ähnliches Verfahren) ohne die schriftliche Genehmigung des Verlages reproduziert oder unter Verwendung elektronischer Systeme verarbeitet, vervielfältigt oder verbreitet werden.

Titel der Originalausgabe: See through History – The Age of Industry
Übersetzung aus dem Englischen: Babette Kösling und Hannah Madrigal
Redaktion: Alexander Troche

Printed in Belgium

INHALT

Die Welt um 1700 4
Ackerbau und Viehzucht 6
Landmaschinen 8
Spinnen und Weben 10
Baumwolle 12
Eisen 14
Kohle 16
Dampfkraft 18
Erfindung über Erfindung 20
Kanäle 22
Eisenbahnfieber 24
Verbindung der Kontinente 26
Das Leben auf dem Lande 28
Das Leben in der Stadt 30
Fabriken 32
Gesundheit und Krankheit 34
Sozialreformen 36
Aufstände und Hungersnöte 38
Die Auswanderungswelle 40
Kunst und Architektur 42
Neue Energiequellen 44
Zeittafel und Erläuterungen 46
Register 48

DIE WELT UM 1700

Eine holländische Windmühle, die Korn mahlte. In Europa nutzte man die Windkraft bereits seit dem frühen 12. Jahrhundert.

Bevölkerungsdichte, Handel und Gewerbe im 18. Jahrhundert.

Vor dreihundert Jahren ging es auf der Erde weitaus gemächlicher und ruhiger zu als heute. In den wenigen großen Städten und Seehäfen herrschte zwar schon geschäftiges Treiben, doch die meisten Menschen lebten in kleinen Dörfern. Die Lebensweise der Landbevölkerung hatte sich seit dem Mittelalter kaum gewandelt. Doch um 1700 setzte eine Umwälzung ein, die das Leben der Menschen, vor allem in Europa, drastisch verändern sollte. Die industrielle Revolution nahm ihren Anfang.

LANDLEBEN

Zu jener Zeit lebten über 90 Prozent aller Europäer auf dem Land. Meist waren sie Bauern, die hauptsächlich für den Eigenbedarf anbauten. Werkzeug und Kleidung erwarben sie von örtlichen Handwerkern. Das Ackerland, das sie bewirtschafteten, gehörte normalerweise einem Grundherrn. Sie schuldeten ihm dafür eine Pacht, die sie entweder durch Fronarbeit oder Lebensmittelabgaben entrichteten.

Diese Bauern führten meist ein schweres, entbehrungsreiches Leben, und oft litten sie unter Hungersnöten und Krankheiten. Sie konnten nur wenig Habe ihr eigen nennen und hatten kaum oder gar kein Geld. Nur selten kam es vor, daß einer von ihnen eine Reise unternahm, denn die Wege waren beschwerlich und man kam nur sehr langsam voran.

LANDWIRTSCHAFT

Im Laufe der Jahrhunderte hatten die Bauern ihre Anbaumethoden kaum verändert, und in vielen Dörfern wurde noch nach der mittelalterlichen offenen Felderwirtschaft angebaut. Dabei wurden die Felder landstreifenweise unter den Bauern aufgeteilt.

Dieses System erwies sich häufig als unzweckmäßig und verlustreich. Wenn ein Feld abgeerntet worden war, ließ man es ein Jahr brachliegen. Gänse, Schafe und anderes Vieh graste dann auf dem Brachland und geriet dabei zuweilen in die angrenzenden, bestellten Felder.

So geschah es, daß die Ernte in manchem Jahr sehr gering ausfiel und die Menschen hungerten. Dann gab es im Winter auch nicht genügend Heu und Stroh für die Tiere, so daß viele geschlachtet werden mußten.

MUSKEL-, WIND- UND WASSERKRAFT

Um 1700 kannte man ausschließlich natürliche Energiequellen. Pflüge und Karren wurden von Ochsen, Pferden oder Eseln gezogen. Die Menschen nutzten ihre Muskelkraft, um Brennholz zu hacken, die Ernte einzubringen, Korn zu dreschen und für vieles mehr.

Wind- und Wasserkraft trieben die unterschiedlichen Mühlen an. Es gab Mühlen, in denen Korn gemahlen, Stoff gewalkt, Baumstämme zu Brettern zersägt oder Papier hergestellt wurde. Windmühlen dienten häufig zur Entwässerung von Feldern und Gräben. Mit ihrer Hilfe legte man weite Gebiete flachen Ackerlandes, z. B. in Holland, trocken und machte sie dadurch bebaubar.

GEWERBE

Industrielle Fertigung existierte nur im weitesten Sinne. Gebrauchsgegenstände wurden von Handwerkern wie Schmieden, Tischlern und Wagenbauern hergestellt. Sie benutzten einfache Geräte und arbeiteten zu Hause in ihrer Werkstatt. Zu den bedeutendsten Gewerben zählten Stoffherstellung und Eisengewinnung. Westeuropa war durch die Weberei über die Jahre zu beträchtlichem Wohlstand gelangt, und mittlerweile wurde Rohbaumwolle aus Südeuropa und Amerika importiert. Stoffabriken waren jedoch rar. Weber und Spinner arbeiteten vorwiegend zu Hause.

Auch das eisenverarbeitende Gewerbe gewann an Bedeutung, doch es litt unter einem schwerwiegenden Problem: unzureichende Hitzeentwicklung. Die Schmelzöfen wurden nämlich mit Holzkohle beheizt, die aber nicht die erforderliche Temperatur erzeugte, um hochwertiges Eisen herzustellen, und die Waldbestände gingen allmählich zurück.

REIF FÜR DIE REVOLUTION

Die industrielle Revolution begann in Europa und schritt in England am raschesten voran. Wie kam das?

Eher als seine Nachbarn war England bereit für große Veränderungen. Es verfügte über reiche Bodenschätze wie Kohle, Eisenerz und andere wichtige Grundstoffe. Das Klima war gemäßigt, es gab ausreichend Regen, aber auch Sonne, um gute Ernten zu garantieren. Außerdem wuchs die Bevölkerung rapide, und all diese Menschen wollten essen – und arbeiten.

Stoffe wurden von Webern auf handbetriebenen Webstühlen zu Hause angefertigt. Ein Tuchhändler lieferte Garn und holte später den fertigen Stoff ab.

Die Arbeitswelt der Bauern war im Laufe der Jahrhunderte fast unverändert geblieben. Man schnitt das Korn mit Sicheln und bündelte es von Hand. Nutztiere wurden nicht gezüchtet, sondern vermehrten sich eher zufällig.

ACKERBAU UND VIEHZUCHT

Robert Bakewell (1725-1795) gelang es, die Qualität des Viehbestandes zu verbessern. Er kreuzte nur die besten Tiere und wurde durch seine Leicester-Schafe und Dishley-Rinder berühmt.

Zwischen 1700 und 1850 nahm die Weltbevölkerung beträchtlich zu, vor allem in den westlichen Ländern. In Europa verdoppelte sich die Bevölkerung, und in England verdreifachte sie sich sogar. Nordamerika bevölkerte sich zusehends, die Zahl der Einwohner stieg von einer Million auf über 26 Millionen.

Für diesen Zuwachs gab es mehrere Gründe, doch ausschlaggebend war die gute Nahrungsversorgung. Verbesserte Anbaumethoden und neuartige Geräte verhalfen den Bauern zu ertragreicheren Ernten. So konnten sich wesentlich mehr Menschen davon ernähren.

SÄEN UND JÄTEN

Seit Beginn des Ackerbaus wurde die Saat mit einem Handwurf ausgebracht. Das Getreide wuchs deshalb ungleichmäßig, und viele Samenkörner trieben nicht oder wurden vorher von Vögeln gefressen.

Zu Beginn des 18. Jahrhunderts erfand der Engländer Jethro Tull eine Sämaschine, mit der die Saat reihenweise direkt in die Erde gesät werden konnte.

Jethro Tull riet den Bauern auch, regelmäßig zwischen den Saatreihen zu jäten. So ging die Saat besser auf, und Unkraut und andere Schädlinge konnten sich nicht ausbreiten. Die Ernten, vor allem bei Getreide, fielen zusehends ertragreicher aus.

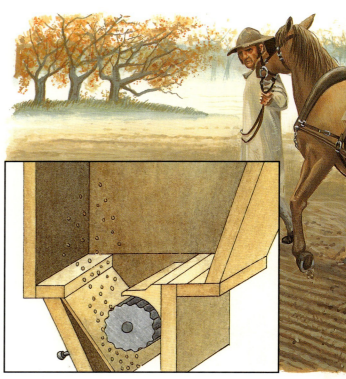

Jethro Tull erfand 1701 die Sämaschine. Aus dem Saatgutbehälter (oben) fielen die Körner in drei nebeneinander liegende Furchen.

BESSERE BODENQUALITÄT

Das mittelalterliche System des Fruchtwechsels folgte einem einfachen Schema. Ein Jahr lang wurde auf einem Feld Wintergetreide angebaut, im darauf folgenden Sommergetreide, und im dritten lag es brach. Die Holländer versuchten als erste eine neue Methode, bei der nach einem Jahr Getreideanbau der Acker mit anderen Pflanzen bestellt wurde. Um 1650 mußten sie bereits kein Land mehr brachliegen lassen. Es gelang ihnen, den Boden wieder fruchtbar zu machen, indem sie Mist und Jauche darauf verteilten und Klee und andere Grünpflanzen säten, die dem Boden Stickstoff zuführten.

Wenig später übernahmen auch die Engländer, allen voran der Viscount Townshend of Norfolk, diese Anbauweise. Wesentlicher Bestandteil seines vierfachen Fruchtwechsels war die anspruchslose Rübe. Nach der Weizenernte wurden Rüben gesät und das Feld regelmäßig gejätet und gehackt. Die reifen Rüben verfütterte er an Schafe und Rinder. Danach wurde Gerste und dann Gras oder Klee gesät.

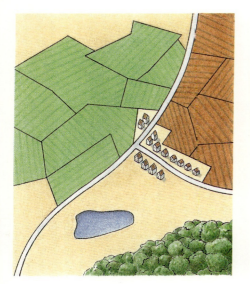

Äcker und Felder vor der Einhegung (links). Deutlich sind die Landstreifen zu erkennen. Daneben sieht man Wälder und Gemeindeland, die nach der Einhegung (rechts) verschwunden sind.

felder, und auf dem flachen Land in Polen und dem Baltikum wurde viel Weizen angebaut.

VIEHZUCHT

Durch die neuen Anbaumethoden wurde auch das Problem der Tierfütterung im Winter gelöst, denn es gab genügend Heu und Stroh. Auch Wurzelgemüse, wie weiße Rüben und gelbe Kohlrüben, war ausreichend vorhanden.

Dies wiederum ermöglichte es den Bauern, den Viehbestand zu verbessern, indem sie Zuchtauswahl betrieben. Der Engländer Robert Bakewell wählte die geeignetsten Tiere aus und züchtete Rinder, Pferde und Schafe, die mit den besten Eigenschaften ihrer Rasse versehen waren.

EINHEGUNG

Zwischen 1760 und 1815 wurden mehr als eine Million Hektar Grund eingezäunt, denn man hatte herausgefunden, daß sowohl Tiere, als auch Pflanzen auf eingehegtem Land besser gediehen. Auf diese Weise beraubte man allerdings auch viele tausend Kleinbauern des Gemeindelandes, auf dem ihr Vieh grasen konnte. Sie waren fortan gezwungen für andere Bauern zu arbeiten oder in die Städte abzuwandern.

Schweine wie dieses wurden mit entrahmter Milch, gekochten Kartoffeln und Molke, die bei der Käseherstellung entstand, gemästet. Schweinespeck stellte eine wichtige Energiequelle für die schwer arbeitenden Bauern dar.

NEUE GEMÜSE- UND GETREIDEARTEN

Durch die Handelsbeziehungen mit Amerika gelangten viele bis dahin unbekannte Gemüse- und Getreidearten nach Europa. Die Bauern pflanzten erstmals Kartoffeln, Tomaten, Bohnen und Mais an. In manchen Gebieten, wie zum Beispiel in Irland, wurde die Kartoffel zur meistangebauten Feldfrucht.

Die bekannten Sorten fanden neue Verwendung. Gartengemüse, wie Erbsen, Mohrrüben, Zuckerrüben und Kohl wurden nun auf Feldern angebaut und auf dem Markt verkauft. Mit Gerste und überschüssigem Gemüse wurden Rinder und Schweine gemästet.

Doch die bedeutendste Veränderung war die Spezialisierung der Bauern. In früheren Jahrhunderten waren die Menschen in den verstreuten Dörfern gezwungen alles selbst anzubauen, wenn auch die Bodenbeschaffenheit nicht jede Pflanze gleich gut gedeihen ließ. Nun bestellte man den Boden mit den jeweils dafür geeignetsten Pflanzen. In der italienischen Poebene entstanden riesige Reisfelder.

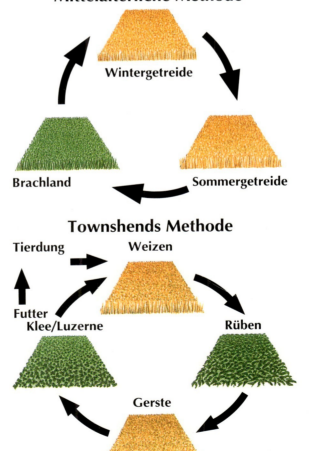

Das mittelalterliche System des Fruchtwechsels (oben). Im ersten Jahr wurde Wintergetreide gesät. Dann folgte Sommergetreide im zweiten Jahr, und im dritten wurde das Land gedüngt und brachliegen gelassen, um es wieder fruchtbar zu machen. Dies bedeutete jedoch, daß jedes Jahr ein Drittel aller Ackerflächen brachlag. Der vierfache Fruchtwechsel (unten) umging dieses Problem. Im ersten Jahr baute man Weizen an, darauf folgten Rüben, Gerste und dann Gras oder Klee, auf welchem die Tiere weiden konnten. Diese Form des Fruchtwechsels verbesserte die Bodenqualität erheblich.

LANDMASCHINEN

Der deutsche Chemiker Justus von Liebig (1803-1873) beschäftigte sich mit dem Wachstum der Pflanzen. Er bewies, daß der Boden ertragreicher ist, wenn er mit Kalk gedüngt wird.

Eine dampfgetriebene Dreschmaschine im Einsatz. Über Treibriemen wurde die Dampfkraft an die beweglichen Teile der Dreschmaschine weitergegeben. Oben kam das Dreschgut hinein, dann wurde das Stroh und die Spreu vom Korn getrennt, und unten fielen die Getreidekörner in den Sack.

Im 19. Jahrhundert führten Erfinder die landwirtschaftliche Revolution fort, die Tull und Townshend in Gang gebracht hatten. Eine Reihe neuer Geräte erleichterte und beschleunigte die Arbeit beim Bestellen des Bodens, bei der Ernte und beim Transport. Diese Errungenschaften ermöglichten erstmals die Bebauung riesiger Ackerflächen in Nordamerika.

PFLÜGE

Bereits seit mehreren tausend Jahren hatte man die Erde mit einfachen Pflügen gewendet und aufgelockert. Doch nun konnten sie durch zwei Neuerungen wirkungsvoll verbessert werden. Robert Ransome erfand 1785 den selbstschärfenden Pflug. Seine Scharen waren an der Schnittkante mit weicherem Eisen beschichtet, das sich beim Pflügen leichter abnutzte und die Klinge stets scharf hielt.

1837 erfand John Deere in den USA den Stahlpflug. Im Gegensatz zu den einfachen Eisenpflügen blieben keine Erdklumpen daran haften. Im Jahr 1850 setzte man erstmals Dampfmaschinen beim Pflügen ein. An langen Drahtseilen wurde der Pflug von feststehenden Dampfmaschinen über das Feld gezogen.

„Kaum eine Maschine hinterläßt größeren Eindruck, als der dampfgetriebene Pflug. Von drüben kommt ein seltsames, formloses Ding, auf dem ein Mensch sitzt, macht einen Satz nach vorn und schlägt dabei die eisernen Zähne tief in die Erde."

— *Richard Jefferies* —

ERNTEN UND DRESCHEN

Die Ernte war üblicherweise ein zeitraubender und mühsamer Vorgang, bei dem viele Helfer nötig waren.

Zu Beginn des 19. Jahrhunderts erfanden die Amerikaner Cyrus McCormick und Obed Hussey eine Art Mähmaschine. Eine einfache Kombination aus Mäh- und Dreschmaschine kam bereits 1818 zum Einsatz.

Dank dieser Apparate konnte das Getreide nun wesentlich schneller geerntet und eingelagert werden. Von Dampf angetriebene Dreschmaschinen trennten die Körner vom Stroh, und ein Ventilator blies nach dem Dreschen die Spreu weg. Die Getreideproduktion nahm sprunghaft zu. Um 1860 waren im Mittleren Westen Amerikas schon über 80 000 Erntemaschinen im Einsatz, und die Weizenproduktion war auf sechs Millionen Tonnen im Jahr angestiegen.

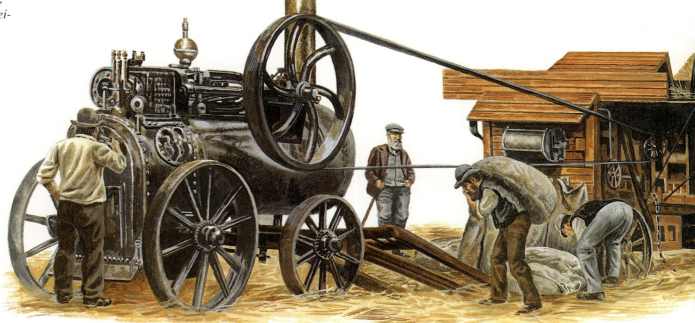

ENTWÄSSERUNGSSYSTEME UND EINZÄUNUNG

Damals wurden jedes Jahr Unmengen an neuen Geräten und Maschinen für die Landwirtschaft erfunden. Viele taugten nichts und gerieten schnell in Vergessenheit, doch andere wurden unverzichtbar. Dazu zählte auch der Drain- oder Rigolpflug, der wie ein Maulwurf unter der Erde Entwässerungskanäle graben konnte.

Auch die Erfindung einer Maschine zur Herstellung von Tonrohren erleichterte die Trockenlegung von Feldern erheblich.

Stacheldraht gewann große Bedeutung für die Rinderzucht, vor allem in den Weiten der Prärie Nordamerikas. Holzzäune waren teuer, und Hecken wuchsen zu langsam, doch Stacheldrahtzäune konnten billig und problemlos aufgestellt werden.

Zunächst waren sie nicht dazu bestimmt, Rinder einzuzäunen, sondern sie von den bestellten Feldern fernzuhalten. Doch die neuen Grenzen sorgten auch für schwere Auseinandersetzungen, denn manche Siedler behaupteten, daß habgierige Farmer Land umzäunten, daß ihnen nicht gehörte.

KUNSTDÜNGER

Inzwischen suchten Wissenschaftler nach Möglichkeiten, um den Boden noch ertragreicher zu machen. Die Bauern hatten schon seit vielen Jahren Mist als Dünger verwendet, ohne zu wissen, was er eigentlich bewirkte. 1840 entdeckte der Chemiker Justus von Liebig die Bedeutung von Stickstoff und anderen Substanzen, die im Mist enthalten sind, für das Pflanzenwachstum. In England übernahm Joseph Lawes diese Erkenntnis und experimentierte mit Dünger aus Knochen und Mineralien.

Schon bald benutzte jeder fortschrittliche Bauer Unmengen von Düngemitteln. Eines davon war Guano, der aus Chile importierte Dung eines Seevogels. 1847 kauften englische Bauern 300 000 Tonnen im Jahr. Den übrigen Bedarf deckte Kunstdünger, der in Joseph Lawes Fabrik bei London hergestellt wurde.

Dampfgetriebene Pflüge konnten auf großen, ebenen Feldern am besten eingesetzt werden. An jedem Ende des Ackers stand eine Dampfmaschine, und der Pflug wurde an langen Seilen hin und her gezogen. Mit Mehrscharpflügen konnten mehrere Furchen gleichzeitig gewendet werden.

1839 erfand Cyrus McCormick eine Mähmaschine. Sie wurde von zwei Pferden gezogen und schnitt Gras und Getreide. 1851 führte er seine Erfindung in London vor.

9

SPINNEN UND WEBEN

Richard Arkwright (1732-1792) erfand 1769 die Wasserspinnmaschine. Später ließ er in Cromford eine Baumwollfabrik bauen, in der mehrere Maschinen mit einem zentralen Wasserantrieb zum Einsatz kamen.

Alle Menschen benötigen Stoffe – als Decken, Vorhänge, Bettlaken und natürlich Kleidung. Als im 18. Jahrhundert die Bevölkerung in Europa und Amerika zunahm, stieg auch der Bedarf an günstigen Stoffen. Dies führte zu einem beträchtlichen Aufschwung des Spinn- und Webergewerbes.

Innerhalb nur einer Generation trat der Wandel von der Teilzeitheimarbeit zur Vollzeitbeschäftigung in den Fabriken ein. Diese gewaltige Umwälzung war größtenteils auf den Einsatz von Maschinen und neuen Bezugsquellen für das unerläßliche Rohmaterial – Baumwolle – zurückzuführen.

DER SIEGESZUG DER BAUMWOLLE

Viele Jahre lang war die Textilherstellung ein Haupterwerbszweig in Europa gewesen. Der Großteil der Stoffe bestand aus Schafwolle. Die Schafe wurden geschoren, die Wolle gesponnen und auf Handwebstühlen verwebt. Nahezu alle diese Tätigkeiten verrichteten Heimarbeiter. Eher selten wurde Stoff aus Leinen und Seide hergestellt.

Im Laufe des 17. Jahrhunderts begann Baumwolle die Wolle zu verdrängen. Aus Indien kamen erstmals Baumwollstoffe nach Großbritannien und den Niederlanden. Sie waren preisgünstig, vielseitig einsetzbar und sehr beliebt. Doch die Wollhändler besaßen ausreichend Macht, um die Einfuhr verbieten zu lassen.

Diese Einfuhrsperre wurde dem wollverarbeitenden Gewerbe allerdings zum Verhängnis. Geschäftsleute im Norden Englands importierten nun Rohbaumwolle aus Westindien und Brasilien und ließen diese zu Stoff verarbeiten. Schon nach kurzer Zeit produzierten sie ebenso viele Baumwoll- wie Wollstoffe.

Noch in der zweiten Hälfte des 18. Jahrhunderts spannen Heimarbeiterinnen Wolle zu Garn. Die Fäden wurden zunächst auf dem Spinnrad gesponnen und dann auf eine Garnwinde gewickelt.

1764 erfand James Hargreaves die Jenny-Spinnmaschine (Spinning Jenny). Drehte man das Rad, zogen und drehten die Spindeln die Wolle automatisch zu Fäden. Ein Arbeiter konnte daran so viel Garn spinnen wie acht Leute mit herkömmlichen Spinnrädern.

SCHNELLWEBSCHÜTZEN

Einfache Maschinen wurden bei der Textilherstellung schon länger benutzt. Seit Jahrhunderten kannte man Spinnräder und Walkmühlen. Doch in den 1870er Jahren beschleunigte eine Reihe von Erfindungen den Modernisierungsprozeß.

Zuerst kam in den Dreißigern John Kays Schnellwebschützen, der erst viel später Verbreitung fand. Vor dieser Zeit mußte der Weber das Schiffchen, das den Schußfaden transportiert, mühsam mit beiden Händen von einer Seite des Webstuhls zur anderen führen. Kays Erfindung ermöglichte die automatische Rückführung des Schiffes und verdoppelte so die Produktivität des Webers. Doch weder die Weber noch die Tuchhändler dankten Kay dafür, denn sie befürchteten arbeitslos und um ihren Lebensunterhalt gebracht zu werden. Sie rotteten sich zusammen und drangen in Kays Haus ein, der daraufhin nach Frankreich floh.

JENNY UND DAS MAULTIER

Kays Einfall erleichterte sowohl Woll- als auch Baumwollwebern die Arbeit. Doch mit der ständig wachsenden Menge an Importbaumwolle wuchs auch der Bedarf nach gesponnenem Faden. Die alten Spinnräder waren viel zu langsam. Da sie nur über eine Spindel verfügten, konnte nur jeweils ein Faden darauf gesponnen werden.

Die ersten wassergetriebenen, aber nicht besonders leistungsfähigen Spinnmaschinen wurden in den dreißiger Jahren gebaut. Um 1764 konstruierte James Hargreaves seine „Spinning Jenny". Dabei handelte es sich um einen Rahmen, in dem sich acht Spindeln drehten. So konnten acht Fäden gleichzeitig gesponnen und die Fertigungsmenge eines Arbeiters um ein Vielfaches erhöht werden.

Auch das Haus des bedauernswerten Mr. Hargreaves wurde von aufgebrachten Arbeitern verwüstet. Schlimmer noch, man stahl seine Ideen: Richard Arkwrights wassergetriebene Spinnmaschine erzeugte gleichmäßigere und somit reißfestere Fäden, und Samuel Cromptons „Mule" (Maultier) spann das allerbeste Garn – dünn und stark.

MASCHINENWEBSTÜHLE

Da es mittlerweile Garn im Überfluß gab, waren die Weber gezwungen, das Arbeitstempo zu steigern. 1785 konstruierte Edmund Cartwright den ersten mechanischen Webstuhl, der schon bald ausschließlich mit Dampfantrieb lief. Natürlich haßten die Arbeiter die neue Maschine, und Cartwright wurde aus dem Geschäft gedrängt, aber seine Erfindung sollte wegbereitend für die kommende Blütezeit der Textilindustrie werden.

Erfinder wurden häufig von wütenden Arbeitern angegriffen, die fürchteten, durch die neuartigen Maschinen arbeitslos zu werden. Auf diesem Gemälde von Ford Madox Brown sieht man, wie John Kay 1747 aus seinem Haus vertrieben wird.

BAUMWOLLE

Blätter, Blüte und Knospen einer Baumwollpflanze. Die reifen Knospen platzen auf und geben die Baumwollfasern und -samen frei.

Whitneys Entkörnungsmaschine kämmte die Baumwollfasern mit Haken durch ein Gitter und trennte sie dabei von den Samen.

Von den bedeutenden Häfen New Orleans und Mobile wurden die Baumwollballen nach Europa und in den Norden der USA verschifft.

Bis 1790 hatten in der Textilverarbeitung weitreichende Änderungen stattgefunden. Viele Arbeiten wurden mittlerweile von Maschinen erledigt, die nahezu alles konnten: Fäden spinnen oder das fertige Tuch plätten und zu Ballen aufrollen. Die Nachfrage nach Baumwolle stieg unablässig. Aber es gab noch ein Problem: Baumwolle anzubauen, war recht einfach, aber sie aus den Kapseln zu lösen und von den Samen zu befreien, war sehr zeitraubend. Sobald sich eine Lösung für dieses Problem gefunden hatte, wurde Baumwolle weltweit zum wichtigsten Rohstoff.

DIE ENTKÖRNUNGSMASCHINE

Der Süden der USA war einst durch Tabak- und Reisanbau – und dank billiger Sklavenarbeit – zu Wohlstand gelangt. Der Baumwollanbau warf wenig Gewinn ab, da es sehr aufwendig war, die langen Baumwollfäden von ihren grünen Samenkörnern zu trennen. Um ein Kilogramm Baumwolle zu gewinnen, mußte man 20 Stunden hart arbeiten.

1793 baute Eli Whitney, der Sohn eines Farmers, eine Baumwollentkörnungsmaschine. Sie bestand aus einer hölzernen Walze, die mit vielen Haken versehen war. Drehte man die Walze, zogen die Haken die Baumwollfäden durch ein feinmaschiges Gitter, das für die Samen nicht durchlässig war. Mit diesem Gerät machte Whitney den Anbau von Baumwolle zu einer wahren Goldgrube. Denn jetzt konnte ein Arbeiter in der gleichen Zeit fünfzigmal mehr Baumwolle entkörnen als vorher.

SKLAVEREI

Whitneys Erfindung erwies sich als folgenschwer. Nun wurde Baumwolle auf riesigen Flächen in den Südstaaten angebaut. Britische Baumwollimporteure, die das Rohmaterial in ihren Fabriken verarbeiten wollten, investierten viel Geld in diese Plantagen. Die Baumwollproduktion stieg von 750 Tonnen im Jahr 1790 auf 1,1 Millionen Tonnen im Jahr 1860.

Die Zahl der Sklaven erhöhte sich im gleichen Zeitraum von 700 000 auf über 4 Millionen. Diese Menschen fristeten ein jämmerliches Leben, denn sie wurden gezwungen, Schwerstarbeit zu leisten, ohne Lohn dafür zu erhalten. Meist hausten sie in erbärmlichen Hütten und waren oft unterernährt. Aber am schlimmsten war, daß sie als Leibeigene eines weißen Herren galten, der sie kaufen oder verkaufen konnte, ganz wie es ihm beliebte.

„Das war die Hölle. Babys wurden den Müttern von der Brust gerissen und verkauft ... Geschwister wurden getrennt und sahen einander nie wieder. Natürlich weinten sie. Denkst du, sie hätten nicht geweint, verkaufte man sie doch wie Vieh?!"

--- *Sklavin* ---

Sklaven bei der Baumwollernte. Um 1860 lebten vier Millionen Sklaven in den Südstaaten der USA.

BLEICHEN UND NÄHEN

Zahlreiche Erfindungen trugen zum Aufschwung der Textilindustrie bei. 1785 entdeckte Claude Berthollet, daß man Stoffe mit Chlor bleichen kann. Mittlerweile war es auch möglich, Stoffe über Zylinderpressen mit Mustern zu bedrucken. Und es wurden immer größere und leistungsfähigere Webstühle gebaut.

Genauso wichtig war natürlich die Nähmaschine, die um 1840 gleich zweimal völlig unabhängig voneinander von den Amerikanern Elias Howe und Isaac Singer erfunden wurde. Kleidungsstücke ließen sich somit sehr schnell und viel billiger in Fabriken oder in Heimarbeit herstellen.

FABRIKEN, FABRIKEN, FABRIKEN

Die Industrialisierung erfaßte zuerst den Norden Englands, griff aber bald auf andere Länder über. Bereits 1790 gab es schon Baumwollfabriken in Katalonien (Spanien) und im Elsaß (Frankreich). Die Entwicklung in den USA ging sogar noch schneller vonstatten. Dort ließen Unternehmer wie Samuel Slater aus England große Baumwollfabriken bauen. Die Maschinen wurden den englischen Modellen illegalerweise nachgebaut und mit Wasserkraft angetrieben.

Dank der billigen Schafwolle aus der neuen Kolonie, Australien, nahm in Großbritannien auch die Wollindustrie einen gewaltigen Aufschwung.

DIE AUSWIRKUNGEN

Der ungeheure Aufschwung der Baumwollindustrie führte zu vielen bedeutenden gesellschaftlichen Umwälzungen in Europa und Amerika. Einige dieser Änderungen waren willkommen: Zum ersten Mal in der Geschichte konnten günstige Kleidung, Hüte, ja sogar Schuhe erstanden werden.

Doch nicht alles wendete sich zum Besten: Weber und Spinner konnten ihre Arbeit nicht mehr zu Hause auf dem Lande verrichten. Sie wurden nun als Teil einer riesigen Arbeitermasse in große, städtische Fabrikhallen gedrängt. Zudem förderte der Aufschwung der Baumwollindustrie die Expansion der Sklaverei. Diese Entwicklung sollte zum Amerikanischen Bürgerkrieg der Jahre 1861-65 führen.

Bei Auktionen wurden Sklaven ersteigert oder verkauft. Feldarbeiter waren in der Regel am billigsten. Für angelernte Sklaven wie z.B. Köche und Diener konnte man mehr Geld erzielen.

EISEN

Die Ortschaft Coalbrookdale in der englischen Grafschaft Shropshire war das Zentrum der Eisenproduktion.

Die Eisenindustrie hat eine lange Tradition. Seit mehr als 2000 Jahren verstehen es die Menschen, Eisen zu gewinnen und zu verarbeiten. Trotzdem entwickelte sich im 18. Jahrhundert die Eisenindustrie weitaus langsamer als die Baumwollindustrie.

Es bedurfte nicht nur neuer Maschinen, sondern auch neuer Herstellungsverfahren um stärkeres und dauerhafteres Eisen zu erhalten. Sobald man diese entdeckt hatte, wurde Eisen (und später Stahl) zum wichtigsten Rohstoff des Zeitalters der Industrialisierung. Ohne Eisen hätte es keine Schienen, keine Ozeandampfer, keine Werkzeugmaschinen und keine Hängebrücken gegeben.

HOLZKOHLE UND KOKS

Die traditionelle Art der Eisengewinnung bestand darin, Eisenerz in Öfen zu schmelzen, in Mulden zu gießen und anschließend in die gewünschte Form zu hämmern. Aber herkömmliches Feuer war nicht heiß genug, um alle Verunreinigungen im Erz zu verbrennen. Daher baute man besondere Hochöfen, in denen durch gezielte Luftzufuhr höhere Temperaturen erreicht werden konnten.

Lange Zeit diente Holzkohle als Brennstoff in den Hochöfen, die sich daher auch meistens in der Nähe von Wäldern befanden. Bereits Anfang des 18. Jahrhunderts waren die Waldbestände aber so zurückgegangen, daß kaum noch Holzkohle zur Verfügung stand und auf Kohle ausgewichen werden mußte.

Dieser Brennstoff warf zunächst zahlreiche Probleme auf. Um 1709 entdeckte Abraham Darby, daß sich Kohle durch Backen in Koks umwandeln ließ. Mit Koks als Brennstoff ließ sich eine bessere Eisenqualität erzielen. Darbys Sohn entwickelte später ein Koks-Schwelverfahren, das die Eisenqualität noch steigerte.

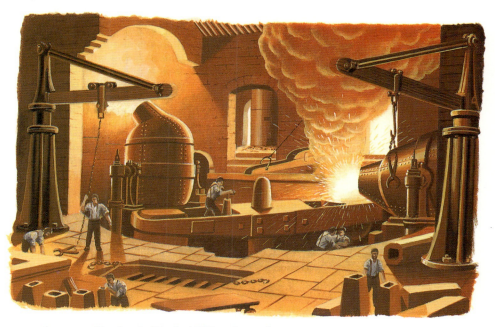

PUDDELVERFAHREN UND WALZWERK

Die Eisenproduktion in Europa stieg beständig. Doch das Metall enthielt noch viele Beimengungen, die auch im Hochofen nicht verbrannten. 1784 entwickelte Henry Cort ein Verfahren, um reineres Eisen zu gewinnen. Hierzu wurde das Roheisen erneut erhitzt und gefrischt, indem man es mit langen Stangen umrührte, so daß sich die Beimengungen mit Sauerstoff vermischten und verbrannten. Diese Methode erhielt den Namen Puddelverfahren. Cort konstruierte auch schwere Walzen, die weitere Verunreinigungen aus dem Eisen quetschten und es zu Barren oder Blechen formten.

AUS EISEN

Die wachsende Produktion ergab zunehmend mehr Verwendungsmöglichkeiten für das Metall. Man stellte Pflüge und andere landwirtschaftliche Geräte daraus her sowie viele der beweglichen Teile von Werkzeug- und Dampfmaschinen. Die erste Eisenbrücke wurde 1779 über den Fluß Severn in der Grafschaft Shropshire in England gebaut.

Große Bedeutung für die Weiterentwicklung der Eisenherstellung kam John Wilkinson zu, der den Spitznamen „eisentoller Jack" trug. Er baute mächtige Hochöfen, Maschinen für die Kohleförderung und Bohrer für Kanonenrohre, Gewehrläufe und Zylinder – und wurde sogar in einem eisernen Sarg beigesetzt.

DIE EISENINDUSTRIE FLORIERT

Das erste Land, das sich den Fortschritt in der Eisengewinnung und -bearbeitung zunutze machte, war England. Noch 1750 galt es als kleiner Eisenhersteller, aber bereits 1850 produzierte es mehr Eisen als der Rest der Welt zusammen.

Andere Länder folgten bald Englands Beispiel. In Le Creusot in Frankreich verwendeten die Gießereien bereits 1810 Koks. Auch in Schlesien entwickelte sich gleichzeitig eine gutgehende Eisenindustrie. In den USA setzten sich die neuen Methoden langsamer durch, so daß sehr viel Eisen aus England importiert wurde. Erst um 1850 begann die amerikanische Eisenindustrie, den europäischen Vorsprung aufzuholen.

STAHL

Die nächste dramatische Entwicklung bestand in der Erfindung eines Verfahrens, um Gußstahl herzustellen. Als Stahl bezeichnet man eine Legierung aus Eisen und Kohlenstoff, die weitaus härter und stärker als das ursprüngliche Eisen ist. Die traditionelle Herstellung von Stahl erfolgte durch Erhitzen und Hämmern von Roheisen. 1740 gelang es jedoch Benjamin Huntsman, Gußstahl zu erzeugen, indem er Roheisen in kleinen Tiegeln auf extrem hohe Temperaturen erhitzte.

Aber Huntsmans Verfahren war sehr zeitraubend. Erst um 1850 entwickelten zwei Eisenhersteller, Henry Bessemer in England und William Kelley in den USA, ein Verfahren, bei dem ein Luftstrahl durch das geschmolzene Roheisen geleitet wurde. So konnte Eisen schneller in Stahl umgewandelt werden. Bald sollte Stahl Eisen in vielen Bereichen ersetzen, zum Beispiel beim Brücken- und Schienenbau und in der Waffenindustrie.

Links: Trotz neuer Verfahren und Maschinen mußten die Hüttenarbeiter oft schwere Werkstücke durch Muskelkraft bewegen. Hier schieben sie einen glühendheißen Barren unter den Dampfhammer.

1856 baute Henry Bessemer seinen ersten Stahlkonverter (links oben). Die große Bessemer-Birne wurde mit flüssigem Roheisen beschickt, belüftet, damit Beimengungen verbrennen, dann geneigt, und der Stahl ergoß sich in die Gießpfanne.

Die erste Brücke aus Gußeisen wurde 1779 über den Fluß Severn (in der Grafschaft Shropshire) errichtet. Sie überspannte in einem einzigen Bogen eine Entfernung von 30 Metern. Die Eisenteile, aus denen sie zusammengesetzt wurde, stammten aus den Gießereien im nahegelegenen Coalbrookdale.

KOHLE

Ein Pferd wird in einem speziellen Geschirr in den Schacht hinuntergelassen. Grubenpferde zogen die Loren über die Gleise in den Stollen.

Die Chinesen verwendeten Kohle als Brennstoff schon seit 2000 Jahren. In Europa wurde Kohle erst Anfang des 16. Jahrhunderts zum Beheizen kleiner Öfen und in Werkstätten eingesetzt. Aber im Zeitalter der Industrialisierung wurde sie bald zum wichtigsten Brennstoff. Sie war unerläßlich für die Eisengewinnung und um Dampfmaschinen zu betreiben. Kohlebergwerke brachten ihren Eigentümern hohe Gewinne, denjenigen aber, die in den Bergwerken arbeiten mußten, brachten sie nur Elend, Krankheit und oft sogar den Tod.

„Sie waren etwa 300 Meter vom Schacht entfernt, als sich das Gas entzündete. In Sekundenschnelle wanderte die Flamme die Stollenwand entlang, erreichte den Schacht und explodierte wie ein Geschoß, das aus einer riesigen Kanone abgefeuert wird. Die Männer stürzten sofort zu Boden ..."

— *John Wesley* —

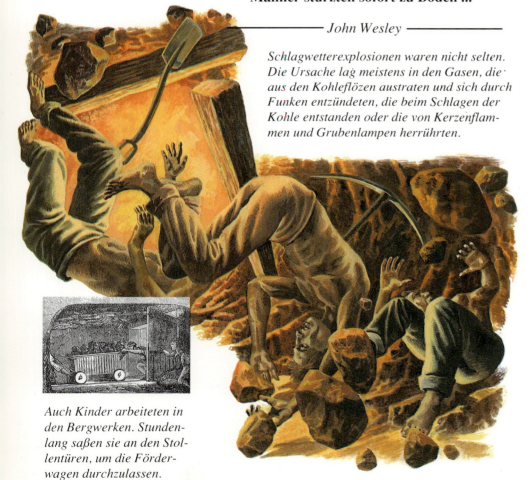

Schlagwetterexplosionen waren nicht selten. Die Ursache lag meistens in den Gasen, die aus den Kohleflözen austraten und sich durch Funken entzündeten, die beim Schlagen der Kohle entstanden oder die von Kerzenflammen und Grubenlampen herrührten.

Auch Kinder arbeiteten in den Bergwerken. Stundenlang saßen sie an den Stollentüren, um die Förderwagen durchzulassen.

GEFAHREN IM BERGWERK
Zuerst wurde Kohle im Tagebau gefördert, aber später mußte tiefer gegraben werden. Man legte senkrechte Schächte an, von denen aus dann seitwärts waagerechte Stollen in die Kohleflöze getrieben wurden. Je tiefer die Schächte und Stollen ins Erdinnere reichten, um so häufiger kam es vor, daß sich Wasser darin ansammelte. Viele der Bergleute mußten ihre ganze Schicht lang im Wasser stehend arbeiten. Erst Anfang des 18. Jahrhunderts wurde das Wasser abgepumpt.

Viele andere Gefahren lauerten auf die Kumpel. Gase aus dem Erdinneren konnten sich entzünden und zu Explosionen führen, Schächte und Stollen einstürzen. Der Kohlestaub führte bei den Bergarbeitern zu Asthma und Lungenkrankheiten. Die Arbeit selbst war hart, lang und schlecht bezahlt.

STEIGENDE NACHFRAGE
Nur eine dieser Gefahren konnte ausgeschaltet werden. 1815 erfand Humphrey Davy die Gruben-Sicherheitslampe. Diese Lampe spendete Licht ohne eine offene Flamme, die unterirdische Gase entzünden konnte. Sie wurde bald in allen Bergwerken eingesetzt.

Da nun eine Bedrohung beseitigt worden war, verlangten die Bergwerksbesitzer jedoch, daß noch tiefere Schächte gegraben wurden. So taten sich neue Gefahrenherde auf.

Um 1800 war die Nachfrage nach Kohle schier unstillbar. Sie wurde in Fabriken und Eisenhütten und als Brennstoff für die zahlreichen, neuen dampfgetriebenen Maschinen eingesetzt. Die Erfindung der Dampflokomotive und des Ozeandampfers ließ die Nachfrage nach Kohle nochmals hochschnellen. Zwischen 1770 und 1860 stieg die Kohleproduktion in Großbritannien von 6 Millionen auf 66 Millionen Tonnen.

KINDERARBEIT
Für die Arbeit im Bergwerk waren sehr viele Menschen vonnöten. Während Männer die Kohle aus dem Flöz schnitten, mußten Frauen und Kinder sie an die Oberfläche transportieren. Vielerorts verbrachten Kinder im Alter zwischen fünf und sechs Jahren den ganzen Tag im Dunkel des Bergwerks, wo sie die Stollentüren bedienten.

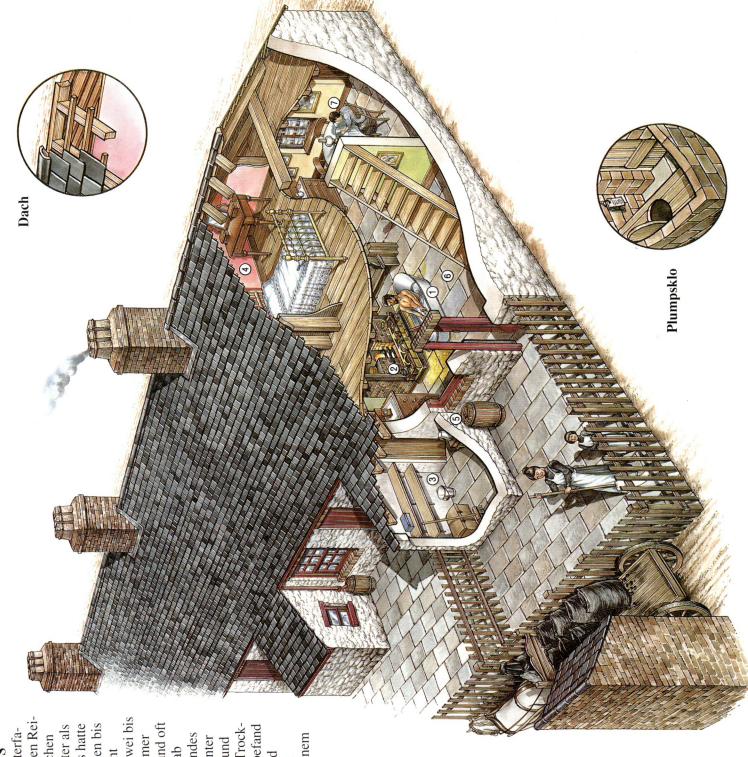

Dach

Plumpsklo

EIN BERGARBEITERHAUS

Um 1850 lebten die Bergarbeiterfamilien in Siedlungen aus kleinen Reihenhäusern. Die Straßen zwischen den Häusern waren nichts weiter als schlammige Pfade. Jedes Haus hatte höchstens drei Zimmer, in denen bis zu zehn Personen untergebracht waren, die alle zusammen in zwei bis drei Betten schliefen. Die Zimmer waren klein und vollgestopft und oft schwarz vor Kohlestaub. Es gab keine Kanalisation oder fließendes Wasser. Die Wäsche wurde hinter dem Haus im Hof gewaschen und draußen über der Straße zum Trocknen aufgehängt. Die Toilette befand sich ebenfalls auf dem Hof und wurde von mehreren Familien benutzt. Gekocht wurde auf einem eisernen Küchenherd.

1 Zinnbadewanne
2 Eisenherd zum Kochen und Beheizen der Küche
3 Speisekammer
4 Schieferdach
5 Regenwassertonne
6 Steinfliesenboden
7 Wohnzimmer

DAMPFKRAFT

Thomas Savery (1650-1715), englischer Ingenieur, konstruierte 1698 die erste funktionierende Dampfpumpe, die Wasser aus den Bergwerksstollen entfernte.

Um die neuentwickelten Maschinen, die mit der Industrialisierung einhergingen, zu betreiben, benötigte man viel Energie. In den ersten Fabriken verwendete man dazu Wasserkraft oder Tiere. Ende des 18. Jahrhunderts gelang es aber, eine neue, wirkungsvollere Kraft nutzbar zu machen: den Dampf. Anders als die bis dahin eingesetzten Tiere, wurden Dampfmaschinen niemals müde. Ihre einzige Nahrung bestand in Kohle, die weniger kostete als Hafer oder Weizen. Und sie waren so stark, daß eine einzige Dampfmaschine die Arbeit von Hunderten von Pferden leisten konnte.

WIE DAMPFKRAFT FUNKTIONIERT

Seit Jahrhunderten schon waren Wissenschaftler bemüht, die Dampfkraft zu bändigen. Man wußte, daß Wasser sich beim Erhitzen ausdehnt und in Dampf verwandelt. Würde ein luftdicht verschlossener Zylinder mit Dampf gefüllt und abgekühlt, erhielte man erneut Wasser. Dabei entstünde ein Vakuum, das man dazu verwenden könnte, einen Kolben zu bewegen. Dies alles war pure Theorie. Denn erst mit der Entwicklung von besseren Metallverarbeitungsverfahren wurde es möglich, luftdichte Zylinder herzustellen.

SAVERY UND NEWCOMEN

Thomas Savery gelang es im Jahre 1698 zum ersten Mal, eine funktionierende Dampfpumpe zu bauen. Seine Entwicklung wies keine beweglichen Teile auf, sondern nutzte die Kraft des Vakuums, um Schächte in Bergwerken trockenzulegen und Gärten zu bewässern.

1712 baute der Engländer Thomas Newcomen eine andere Dampfpumpe für Bergwerke. Sie verfügte über einen Schwinghebel, auf den die Auf- und Abbewegung des Kolbens im darunter angeordneten Zylinder über eine Verbindungsstange übertragen wurde. Newcomens Pumpe arbeitete zuverlässiger als Saverys und benötigte weniger Brennstoff.

JAMES WATT

1763 wurde der Schotte James Watt gebeten, eine Newcomen Pumpe zu reparieren. Er stellte bald fest, daß es eigentlich eine Energieverschwendung war, den Zylinder abwechselnd zu erhitzen und abzukühlen. Er fügte also der Maschine eine weitere Kammer hinzu (die er Kondensator nannte), in der der Dampf abgekühlt, d. h. kondensiert wurde. Dadurch konnte der Zylinder bei konstanter Temperatur gehalten und sehr viel Brennstoff eingespart werden.

Saverys Pumpe wies keine beweglichen Teile auf. Mit Hilfe des Dampfdrucks erzeugte sie ein Vakuum und saugte so das Wasser aus der Tiefe.

Eines der ersten Fahrzeuge mit Dampfantrieb war der von Nicholas Cugnot 1769 gebaute Dampfwagen, der auf seiner Jungfernfahrt an einer Mauer zu Bruch ging.

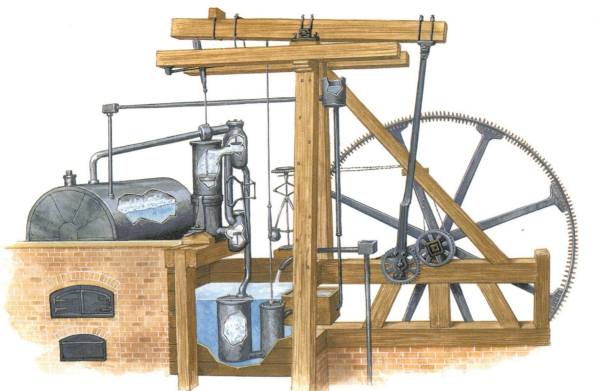

James Watt (1736-1819) verbesserte die von Newcomen entwickelte Dampfmaschine. Es gelang ihm, Brennstoff und damit Kosten einzusparen, indem er den Dampf in einer gesonderten Kammer kondensierte. Über ein System von Kurbeln und Wellen setzte er dann die Auf- und Abbewegung des Kolbens in eine Drehbewegung um. Später fügte er einen Regler hinzu. Damit ließ sich die Geschwindigkeit der Maschine steuern.

Richard Trevithicks Dampflokomotive „Fang mich, wer kann" wurde 1808 in London vorgeführt. Sie fuhr auf kreisförmig verlegten Gleisen mit einer Geschwindigkeit von 16 km/h.

Diese neue Dampfmaschine verkaufte sich besonders gut, als sie 1769 auf den Markt kam. Später erfand James Watt den Zylinder mit Doppelwirkung, bei dem sowohl die Auf- als auch die Abbewegung dampfgetrieben waren. Er konstruierte auch ein Kurbelsystem, mit dessen Hilfe sich die Kolbenbewegung in eine Drehbewegung umsetzen ließ.

DAMPFMASCHINEN IM EINSATZ

Je mehr Dampfmaschinen gebaut wurden, desto mehr Einsatzmöglichkeiten ergaben sich. In den Bergwerken wurden sie jetzt nicht nur als Wasserpumpen eingesetzt, sondern auch um die Kohle aus den Schächten an die Oberfläche zu befördern. In den Baumwollfabriken brauchte man sie, um Spinnmaschinen und Webstühle anzutreiben. Auf den Feldern zogen sie die schweren Stahlpflüge und trieben Dreschmaschinen an.

Die Entwicklung der Dampfmaschinen brachte auch große Neuerungen auf dem Gebiet der Eisenherstellung. Dampfgetriebene Fallhämmer zertrümmerten Eisenerzbrocken, riesige Blasebälge belüfteten die Hochöfen. Im Jahre 1839 entwickelte James Nasmyth einen gewaltigen Dampfhammer, der zum Schmieden von Eisenteilen verwendet wurde.

Um 1820 hatten sich Dampfmaschinen in allen Teilen der Welt durchgesetzt. In Paris half Dampfkraft bei der Trinkwasserversorgung in Brasilien beim Mahlen von Zuckerrohr und in Deutschland in den Getreidemühlen. Und dies war erst der Anfang des Zeitalters der Dampfkraft.

DAMPF IN BEWEGUNG

Die ersten Dampfmaschinen waren so schwer, daß sie nicht von der Stelle bewegt werden konnten. Einen der ersten fahrenden Dampfwagen baute Nicholas Cugnot im Jahre 1769. Dieser Wagen bot vier Personen Platz, sein Wasser- und Brennstoffvorrat reichte jedoch nur fünfzehn Minuten. Erst 1804 baute der Engländer Richard Trevithick einen Dampfwagen, der auf Eisengleisen fuhr. Der Wagen war leichter als seine Vorgänger, da er nicht über einen gesonderten Kondensator verfügte und mit Hochdruckdampf arbeitete.

ERFINDUNG ÜBER ERFINDUNG

Die Pfeiler, auf die sich die industrielle Revolution anfangs stützte, waren Eisen, Kohle und Dampf. Zusammen eingesetzt, führten sie zu einer regelrechten Welle an Neuerungen und Erfindungen. Eine Entdeckung führte zur nächsten, wenn die Ingenieure alte Maschinen verbesserten oder neue konstruierten. In den Fabriken in Europa und Amerika wurden unzählige neue Produkte hergestellt und überschwemmten den Markt.

WERKZEUGMASCHINEN

Für die Eisen- und später die Stahlverarbeitung wurden neue Maschinen zum Biegen, Schneiden, Hämmern, Bohren oder Schleifen benötigt. Diese nannte man Werkzeugmaschinen. Als erste bedeutende Werkzeugmaschine gilt John Wilkinsons Bohrmaschine von 1775. Damit ließen sich präzise Löcher bohren, so daß zum Beispiel bessere Zylinder für wirkungsvollere Dampfmaschinen hergestellt werden konnten.

Ebenso wichtig war die von Henry Maudslay 1797 konstruierte Support-Drehbank zur Schraubenherstellung. Bis dahin wurden Schrauben von Hand hergestellt, und oft waren sie mangelhaft. Maudslays Drehbank produzierte Schrauben schnell und so exakt, daß die Gewinde immer passend waren.

Dies war der große Vorteil der Präzisions-Werkzeugmaschinen. Damit ließen sich nämlich exakt gleiche Teile Stück um Stück herstellen. Eli Whitney erkannte bald den Nutzen, der sich daraus ergab. Nach seinem Erfolg mit der Entkörnungsmaschine gründete er eine Gewehrfabrik. Dort stellte er die verschiedenen Einzelteile maschinell her und ließ sie von angelernten Arbeitern zusammenfügen. Dies sollte der Anfang der Massenproduktion sein.

Richard Gatlings Maschinengewehr erreichte eine Feuergeschwindigkeit von 600 Schuß pro Minute. Es hatte mehrere Läufe, aus denen abwechselnd gefeuert wurde.

KANONEN UND REVOLVER

Nach Whitneys Beispiel entstanden viele andere Gewehrfabriken in den USA. Die Pioniere benötigten Feuerwaffen aller Art zum Jagen, um die Gesetze in den neuen Siedlungen durchzusetzen und um die Indianer zu vertreiben. Samuel Colts Mehrschußpistole von 1835, Revolver genannt, war die ideale Waffe. Die Trommel nahm mehrere Kugeln auf, drehte sich nach jedem Schuß und brachte die nächste Kugel hinter den Lauf.

Die Auswirkungen der neuen Schnellfeuerwaffen waren gewaltig. Colts Revolver wurde bald die „Waffe, die den Westen zähmte" genannt. Als 1861 der Amerikanische Bürgerkrieg ausbrach, stieg die Nachfrage nach Schußwaffen weiter. Ein noch schnelleres Gewehr wurde erfunden, und Robert Parrots große, neue Kanone war die erste, die Patronen verwendete. Die gefährlichste Waffe war das von Richard Gatling 1862 konstruierte Maschinengewehr, das bis zu 600 Schuß in der Minute abfeuerte.

Samuel Colt gründete eine Fabrik in Hartford, Connecticut, in der er Revolver herstellen ließ, die im Amerikanischen Bürgerkrieg häufig Verwendung fanden.

GAS UND TEER

Ende des 18. Jahrhunderts fand man heraus, daß Kohle nicht nur zum Beheizen der Hochöfen verwendet werden konnte, sondern vielfältig nutzbar war. Beim Erhitzen der Kohle für die Koksherstellung entstand ein Nebenprodukt, das Kohlengas.

Philippe Le Bon in Frankreich und William Murdock in Großbritannien hatten die Idee, Kohlengas für die Stadtbeleuchtung einzusetzen. Und bereits in den 1840er Jahren erfreuten sich die Bewohner vieler Städte auf der ganzen Welt, von Birmingham über Paris bis Havanna, an beleuchteten Straßen in der Nacht.

Teer ist ebenfalls ein Nebenprodukt, das beim „Verkoken" aus Kohle entsteht. Lange Zeit glaubte man, Teer sei lediglich Abfall. Aber auch für Teer fanden sich schließlich viele Verwendungsmöglichkeiten, von denen einige recht ungewöhnlich erscheinen. Aus Teer ließen sich Farbstoffe, Arzneimittel, Munition und Kunstdünger herstellen. Aus einer Mischung aus Teer und Kautschuk gewann Charles Macintosh 1823 das Material für seine berühmten, wasserundurchlässigen Regenmäntel.

DER ERSTE „COMPUTER"

Ein Computer ist ein Rechengerät, das Zahlen addieren sowie Informationen verarbeiten und speichern kann. Die ersten Rechenmaschinen wurden Mitte des 17. Jahrhunderts in Frankreich und Deutschland gebaut.

1805 konstruierte Joseph Marie Jacquard einen Webstuhl, der über Lochkarten gesteuert wurde. Das zu webende Muster war durch die Löcher auf der Karte vorgegeben und konnte über Fühlnadeln abgelesen sowie in die Auf- und Abbewegung der Kettfäden umgesetzt werden.

Gemälde von Atkinson Grimshaw, das den von Gaslampen beleuchteten Hafen von Liverpool zeigt. Dank der hellen Straßen war es nicht mehr so gefährlich, nachts unterwegs zu sein. Auch die Brandgefahr war geringer als bei einer Beleuchtung mit Kerzen- oder Öllampen.

Charles Babbage begann bereits 1834 mit der Entwicklung seiner analytischen Maschine, einer Vorläuferin des Computers. Er erfand auch den Tachometer und den Schienenräumer für Lokomotiven.

KANÄLE

Ein Schleppkahn wird von einem Pferd auf dem Erie-Kanal in den USA gezogen. Ein Pferd konnte weitaus größere Lasten auf dem Wasser als an Land ziehen. Die Bootsleute mußten die Kähne im Wasser stehend durch Tunnels schieben, da dort keine Pfade für die Pferde angelegt waren.

Während des 18. Jahrhunderts stieg die Nachfrage nach Kohle und Eisen rapide. In dem Maße, in dem sich die Industrie ausbreitete, mußten größere Mengen an Rohstoffen über Land an die neuen industriellen Standorte befördert werden. Aber Kohle und Eisen waren schwer und die Straßen in einem desolaten Zustand. Ein Pferd schaffte es gerade, eine knappe Tonne Gewicht zu ziehen. Aber das gleiche Pferd konnte bis zu 30 Tonnen Fracht bewegen, wenn diese sich auf einem Schleppkahn befand. Wasser war eindeutig die Lösung für die Transportprobleme der Industrie!

DIE ERSTEN KANÄLE

Die Idee, Kanäle zu bauen, war nicht mehr neu. Bereits die alten Ägypter und die Chinesen hatten Kanäle angelegt. Die erste moderne Wasserstraße war der Canal du Midi, der 1681 fertiggestellt wurde und den Atlantik mit dem Mittelmeer verband.

Das französische Kanalsystem beeindruckte den Herzog von Bridgewater so sehr, daß er 1759 James Brindley beauftragte einen Kanal zu bauen, auf dem die Kohle aus den Bergwerken des Herzogs nach Manchester befördert werden konnte. 1777 stellte Brindley einen weiteren Kanal fertig, der die englischen Häfen Bristol, Hull und Liverpool miteinander verband.

KANALFIEBER

Die Kanäle brachten ihren Besitzern große Gewinne ein, und der Kohlepreis sank um die Hälfte, als man Kohle auf dem Wasser befördern konnte. Anfang des 19. Jahrhunderts erreichten die Kanäle in Großbritannien eine Gesamtlänge von 6800 Kilometern. Ingenieure fanden auch Möglichkeiten, die Flüsse zu verbreitern und zu vertiefen, so daß auch auf ihnen Schleppkähne fahren konnten.

Die Kanäle veränderten aber auch das Gesicht der Landschaft. Auf ihnen gelangte Kohle und Eisen in die neuen Industriezentren, aber auch Steine und Schotter für den Straßenbau. Andere schwere Lasten wie Holz, Getreide, Schiefer und Dünger wurden ebenfalls darauf befördert.

„Der Kanal ist kaum besser als ein verwahrloster Graben. Auf den ausgetretenen Treidelpfaden gleiten die Pferde oft aus und stolpern ins Wasser, die schleifenden Zugleinen kehren Kieselsteine in den Kanal, und das Durcheinander, wenn zwei Kähne aufeinandertreffen, ist kaum zu entwirren. Und bei den Schleusen ... immer Horden streitender Bootsleute."

— *Thomas Telford*

Binnenwasserwege waren die wichtigste Transportmöglichkeit für schwere Frachten bis zum Aufkommen der Eisenbahn um 1820. Sie stellten Handelsverbindungen zwischen den Industriezentren dar.

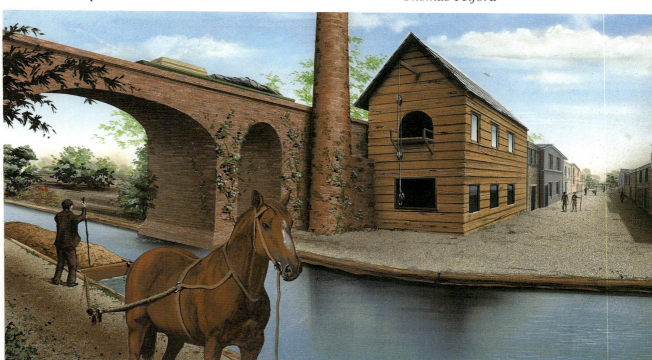

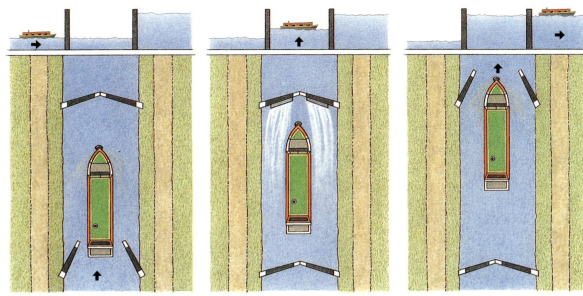

Funktionsweise einer Schleuse:
1. Das Boot fährt in die Schleusenkammer, und die Tore werden hinter ihm geschlossen.
2. Die Schleusen in den vorderen Toren werden geöffnet, so daß das Wasser in der Schleusenkammer steigt und das Boot angehoben wird.
3. Wenn sich die Schleusenkammer gefüllt hat, ist der Höhenunterschied ausgeglichen, die vorderen Schleusentore öffnen sich, und das Boot fährt weiter.

Segelboote waren für den Kanalbetrieb nur bedingt geeignet, da im Binnenland der Wind nicht kräftig genug blies. Daher verwendete man Pferde als Zugtiere. Sie wurden angeschirrt und mit einem langen Seil an den Kahn gebunden. Dann führte man sie auf dem Treidelpfad am Kanalufer entlang. Das erste funktionierende Dampfschiff baute der amerikanische Ingenieur Robert Fulton im Jahre 1803 in Frankreich. Danach wurden auf den Kanälen zunehmend dampfgetriebene Lastkähne eingesetzt.

Das Hauptproblem für die Kanalbauer bestand in der Schwierigkeit, die Kähne Berge hinauf und hinunter fahren zu lassen. Die Lösung lag im Bau von Schleusen (Funktionsweise siehe rechts oben).

AMERIKANISCHE KANÄLE

Der erste Kanal in Amerika, in Charleston, war erst 1800 fertiggestellt. 1825 ermöglichte es der Erie-Kanal den Frachtschiffen vom Atlantik in die Großen Seen zu fahren. Der Erfolg dieses Kanals führte auch in den USA zu einem schier unaufhaltsamen Kanalbaufieber in den 1830er Jahren.

Den Kanälen kam in den USA sogar eine noch größere Bedeutung zu als in Europa. Dank der Weite des Landes war es äußerst wichtig, Waren und Rohstoffe über lange Strecken befördern zu können. Auf den Kanälen wurde die Getreideernte aus dem Westen an die Ostküste gebracht und den Siedlern an den Grenzposten Lebensmittel und Gebrauchsgegenstände westwärts geschickt.

Der 1825 fertiggestellte Erie-Kanal verband die Großen Seen über den Hudson-Fluß mit dem Atlantischen Ozean. Dieser Kanal war so befahren, daß er sogar mehrmals erweitert werden mußte.

EISENBAHNFIEBER

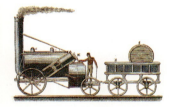

Bei einem Wettrennen 1829 in Rainhill siegte George Stephensons Dampflokomotive namens „Rocket". Stephenson gewann 500 Pfund, und seine Lokomotive wurde anschließend auf der Strecke Liverpool-Manchester eingesetzt.

Tausende Bauarbeiter wurden eingestellt, um Bahndämme und Tunnels zu bauen und Schwellen und Schienen für das neue Schienennetz zu verlegen. Als Werkzeuge dienten ihnen lediglich Spitzhacke, Schaufel und Schubkarre.

Eisenbahnen veränderten die Welt mehr als alle anderen Erfindungen des Zeitalters der Industrialisierung. Entscheidend war, daß Dampflokomotiven jedes andere Verkehrsmittel an Geschwindigkeit übertrafen. Die Menschen konnten nun schneller reisen als auf galoppierenden Pferden. Auf Zügen ließen sich auch immense Warenmengen über weite Strecken befördern. Sie versorgten die neuen Städte mit Lebensmitteln und brachten Rohstoffe in die Industriezentren.

DIE ERSTEN EISENBAHNEN

Anfang des 19. Jahrhunderts hatte Richard Trevithick bereits die erste Dampflokomotive gebaut. Ihm folgte George Stephenson, der bedeutendste Eisenbahnpionier. Seine verbesserten Dampflokomotiven transportierten zuerst Kohle aus den Bergwerken im Norden Englands.

1825 wurde die erste öffentliche Eisenbahnlinie der Welt eingeweiht. Sie verband die Bergwerke in Darlington mit der Hafenstadt Stockton-on-Tees. Am 7. Dezember 1835 wurde mit der Ludwigsbahn von Nürnberg nach Fürth die erste deutsche Strecke eröffnet. Leipzig-Dresden folgte 1837 und Berlin-Hamburg 1845.

DER BAU NEUER STRECKEN

Es war ein gewaltiges Unterfangen, Gleise über Tausende von Kilometern quer durch unwirtliche und abgelegene Landstriche zu verlegen. Die meisten der anfallenden Arbeiten, wie Schotterdämme aufwerfen, Schwellen verlegen, Schienen montieren und Tunnels bauen, wurden ohne maschinelle Hilfe geleistet. Ganze Heerscharen von Bauarbeitern, die lediglich mit Spitzhacke, Schaufel und Schubkarre ausgerüstet waren, zogen aus, um das Land zu verändern.

Diese Bauarbeiter arbeiteten unter schwierigsten Bedingungen, und unzählige von ihnen starben durch Steinschlag, bei Explosionen oder anderen Unfällen. Sie wohnten zusammen in riesigen Lagern und zogen über das Land, den Schienen folgend, die sie verlegten.

„Die Fahrt ist unvorstellbar sanft ... Ich hätte lesen oder schreiben können. Ich zog es aber vor zu stehen, meine Haube abzunehmen und die Brise zu genießen ... Dieses Gefühl zu fliegen war sehr angenehm."

— *Fanny Kemble* —

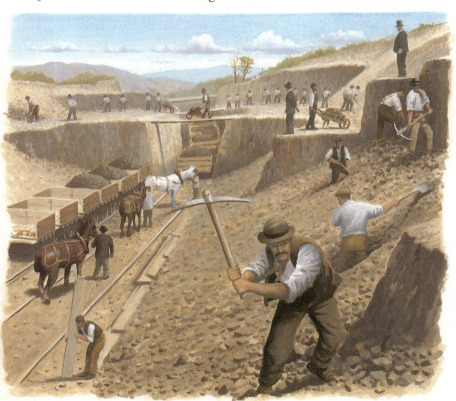

Erste Klasse: geräumig und gemütlich.

Dritte Klasse: überfüllt und mit harten Sitzbänken.

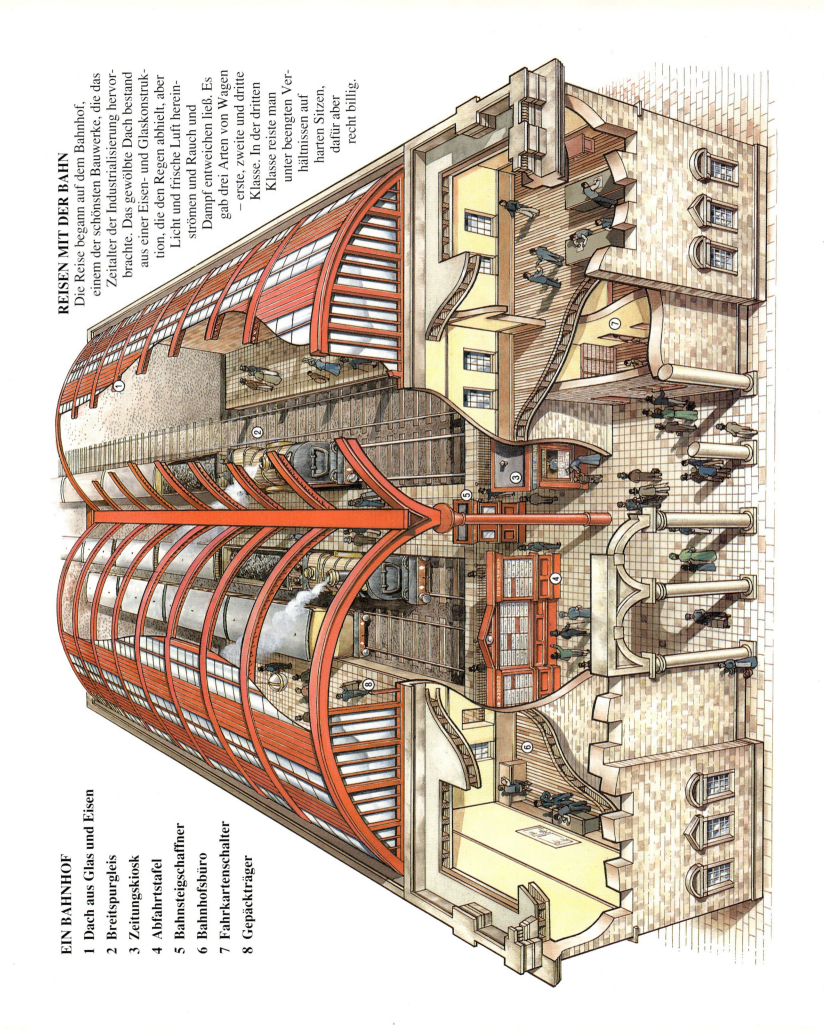

REISEN MIT DER BAHN

Die Reise begann auf dem Bahnhof, einem der schönsten Bauwerke, die das Zeitalter der Industrialisierung hervorbrachte. Das gewölbte Dach bestand aus einer Eisen- und Glaskonstruktion, die den Regen abhielt, aber Licht und frische Luft hereinströmen und Rauch und Dampf entweichen ließ. Es gab drei Arten von Wagen – erste, zweite und dritte Klasse. In der dritten Klasse reiste man unter beengten Verhältnissen auf harten Sitzen, dafür aber recht billig.

EIN BAHNHOF

1. Dach aus Glas und Eisen
2. Breitspurgleis
3. Zeitungskiosk
4. Abfahrtstafel
5. Bahnsteigschaffner
6. Bahnhofsbüro
7. Fahrkartenschalter
8. Gepäckträger

VERBINDUNG DER KONTINENTE

Isambard Kingdom Brunel (1805-1859), Befürworter der ersten transkontinentalen Eisenbahnstrecke in den USA, konstruierte auch die großen Dampfschiffe „Great Western" und „Great Eastern".

Brunels „Great Eastern" trat 1858 ihre Jungfernfahrt an. Der Schiffsrumpf bestand aus wasserdichten Abteilungen.

Die Geschwindigkeit der Züge ließ die Welt urplötzlich kleiner erscheinen. Für Reisen, die früher Tage gedauert hatten, benötigte man jetzt nur noch wenige Stunden. Die amerikanischen Siedlungspioniere fuhren von der übervölkerten Ostküste bis zu den Grenzposten im Westen. Bauern, die niemals zuvor ihr Dorf verlassen hatten, konnten jetzt ohne weiteres in die Städte gelangen. Auch der Warenhandel, zum Beispiel von Kohle und Getreide von einem Land oder Kontinent zum anderen, wurde erleichtert. Dampfschiffe beschleunigten die Seefahrt und durch neue Kanäle verkürzten sich auch ihre Routen.

DAMPF UND SCHIFFSSCHRAUBEN

Seit Menschengedenken waren Schiffe durch Segel oder Ruder angetrieben worden. Die ersten Schiffe mit Dampfantrieb wurden Anfang des 19. Jahrhunderts von Robert Fulton in den USA und von Patrick Bell in Schottland gebaut. Man setzte sie für kurze Strecken auf Flüssen und zur Überquerung des Ärmelkanals ein. In der Regel wurden sie von Schaufelrädern, die zu beiden Seiten des Schiffsrumpfs angeordnet waren, vorangetrieben.

1837 ließ Isambard Kingdom Brunel die „Great Western" bauen, die Passagiere von England nach den USA bringen sollte. Dies war das erste ausschließlich dampfgetriebene Schiff, das den Atlantik überquerte.

Brunel konstruierte zwei weitere große Dampfschiffe. Eines war die gewaltige „Great Eastern", die genug Brennstoff mitführte, daß sie den weiten Weg nach Australien zurücklegen konnte. Ihr Rumpf bestand aus Eisen, und sie verfügte sowohl über Schiffsschrauben als auch über Schaufelräder. Bald wurden die neuen Schiffsschrauben bei allen Ozeandampfern eingesetzt, da sie weitaus besser geeignet waren, das Schiff bei rauher See voranzutreiben.

VERBINDUNG DER OZEANE

Die Binnenkanäle konnten der Konkurrenz durch die schnellen Eisenbahnen nicht standhalten. Trotzdem gab es um 1850 Pläne für neue, weitaus größere Wasserstraßen. Der erste Plan betraf den Suez-Kanal, der das Mittelmeer mit dem Indischen Ozean verbinden sollte. Der Kanal wurde 1869 eröffnet und verkürzte die Reisezeit von Europa nach Asien erheblich.

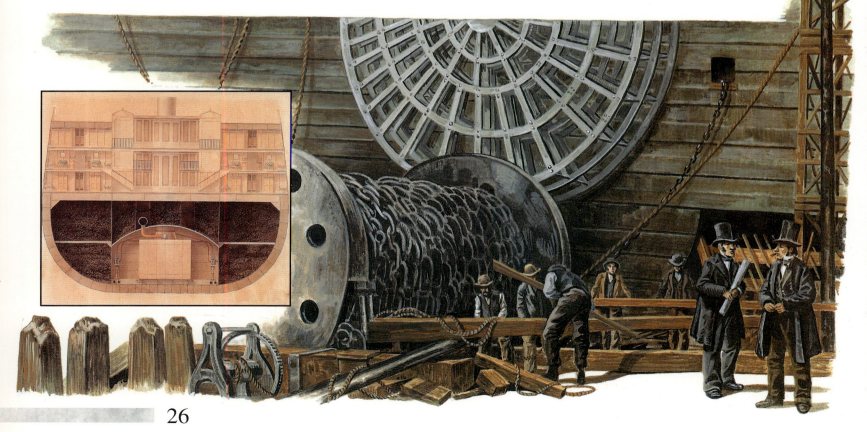

Der Panama-Kanal stellte sogar ein noch größeres Vorhaben dar. Vom Baubeginn bis zu seiner Fertigstellung 1914 vergingen 30 Jahre. Er ermöglichte den Schiffen, aus der Karibik direkt in den Pazifik zu gelangen – ohne die langwierige und beschwerliche Fahrt rund um Südamerika und durch die Magellanstraße. Weitere bedeutende Kanäle jener Zeit waren der Schiffskanal zwischen Manchester und Liverpool (1894) und der Nord-Ostsee-Kanal bei Kiel (1895).

SCHIENEN RUND UM DIE WELT

Die Eisenbahn war das geeignetste Verkehrsmittel, um lange Strecken über Land zurückzulegen, besonders in so großen Ländern wie den USA. 1860 begannen dort zwei Gesellschaften mit dem Bau einer transkontinentalen Strecke. Sie trafen 1869 in Promontory Point in Utah aufeinander und schlossen sich zur Union Pacific Railroad zusammen. Bereits Ende des 19. Jahrhunderts gab es fünf transkontinentale Strecken in den USA und eine in Kanada, von Montreal nach Vancouver.

Auch in anderen Teilen der Erde ließen Schienen die Entfernung zwischen weit auseinanderliegenden Orten schrumpfen. Die ausgedehnte Russische Steppe wurde von der Eisenbahnlinie Moskau-Sibirien durchzogen. In Südamerika überquerte eine Eisenbahnlinie die Anden. Auch in Afrika und Indien wurde mit dem Bau wichtiger Bahnverbindungen begonnen.

BRÜCKEN UND TUNNELS

Neben dem Verlegen der Schienen mußten die Bahnarbeiter auch Brücken bauen und Tunnels graben. 1882 konnte die erste Tunnelbohrmaschine beim Bau des Tunnels eingesetzt werden, der England mit Frankreich verbinden sollte. Das Bauvorhaben wurde aufgegeben, da man befürchtete, die Franzosen könnten den Tunnel nutzen, um in England einzufallen.

Die erste moderne Hängebrücke wurde 1800 vom Amerikaner James Finley konstruiert. Da diese Brücke an Drahtseilen befestigt ein Tal überspannte, benötigte man keine Stützpfeiler in der Mitte. Weitere Hängebrücken aus jener Zeit sind die Brooklyn Bridge in New York und die Brücke über den Fluß Forth in Schottland.

Mit dem Bau des Panama-Kanals wurde 1882 begonnen. Es sollte 30 Jahre dauern, bis der 82 Kilometer lange Kanal fertiggestellt war. Über 500 000 Arbeiter verloren dabei ihr Leben.

Der Franzose Ferdinand de Lesseps (1805-1894), baute 1869 den Suez-Kanal. Er begann auch mit dem Bau des Panama-Kanals, doch vor der Fertigstellung machte er Bankrott.

Am 10. Mai 1869 trafen die Bauarbeiter der transkontinentalen Strecke durch die USA in Promontory Point zusammen. Die letzte Schwelle des Schienenstranges wurde mit einem silbernen Hammer und Goldnägeln befestigt.

DAS LEBEN AUF DEM LANDE

Brot

Kohl

Speck

Tee

Typische Mahlzeit einer armen, englischen Landarbeiterfamilie (oben). Eine wohlhabende Familie konnte sich bessere Nahrung leisten (unten).

Schildkrötensuppe
Lachs
Steinbutt mit Hummersoße
Rinderbraten
Moorhuhn, Hühner- und Entenfleisch
Kalbskopf und Lammfleisch
Mehlspeisen und Pudding
Wein

So mancher Landbesitzer gelangte dank der neuen Maschinen und Verfahren zu beträchtlichem Wohlstand. Doch obgleich die Ernten um ein Vielfaches ertragreicher ausfielen, hatten sich die Lebensbedingungen im 19. Jahrhundert für den größten Teil der Landbevölkerung in Westeuropa verschlechtert. In England war infolge der Einhegungen das Gemeindeland verlorengegangen, auf dem früher das Vieh der einfachen Bauern weiden konnte. Anstatt ihr eigener Herr zu sein, waren sie nun gezwungen, sich bei Großgrundbesitzern zu verdingen. Wenn es keine Arbeit gab, mußten sie hungern und liefen Gefahr, ihr Dach über dem Kopf zu verlieren. Viele Landarbeiter verließen daher ihre Dörfer, um Arbeit in der Stadt zu suchen.

LANDARBEIT

Obwohl es bereits mechanische Mäh- und Dreschmaschinen gab, wurde die meiste Arbeit in der Landwirtschaft noch immer mit Muskelkraft bewältigt. Pferde waren die wichtigsten Nutztiere, und die Pferdeknechte genossen hohes Ansehen.

Die Grundbesitzer beschäftigten viele Landarbeiter, die die unterschiedlichsten Arbeiten auf dem Hof, in den Ställen und auf den Feldern verrichteten, wie Melken, Käse zubereiten, Schafe hüten oder Pflügen. Zur Erntezeit mußte jeder Hand anlegen: sogar die Kinder hatten schulfrei, um mithelfen zu können.

Es wurde viele Stunden und oft sehr schwer gearbeitet. Ein guter Schnitter schaffte es auch bei sengender Hitze, einen Hektar Gras pro Tag zu mähen. Zu den schwersten Arbeiten zählten das Umgraben von Rübenfeldern oder das Ausheben von Bewässerungsgräben mitten im Winter.

„Ich hoffte, ein Frühstück vorgesetzt zu bekommen, aber die arme Frau ... hatte weder ein Stück Brot noch Fleisch. In einem Gasthaus ... etwas weiter die Straße entlang, konnte der Wirt mir auch kein Fleisch anbieten, lediglich ein winziges Stück Speck ... Ich blickte um mich und zählte mehr als zweitausend fette Schafe auf den Weiden!"

— *William Cobbett*

Die Hütte eines Landarbeiters. Wärme spendete einzig der Herd in der Küche.

ZU HAUSE

Die meisten Landarbeiter lebten in kleinen Häusern mit nur einem oder zwei Räumen, die sie vom Landbesitzer gepachtet hatten. Die Zimmer waren spärlich möbliert, und der Fußboden bestand oft nur aus blanker Erde. Der Mittelpunkt des Hauses war die Herdstelle, wo über einem offenen Feuer das Essen gekocht wurde und um die sich die Familie versammelte, um sich zu wärmen.

Manche Bauern hatten noch ein Gärtchen neben dem Haus, in dem sie Gemüse und Blumen zogen, ja vielleicht sogar ein Schwein mästeten. Trotzdem fielen die Mahlzeiten recht dürftig aus. Brot, Kartoffeln, Kohl und Speck waren die Grundnahrungsmittel. Mittags gab es oft nur eine Scheibe Brot mit Käse.

DIE REICHEN

Nachdem die Landwirtschaft große Gewinne abwarf, wurden Grundstücke häufiger zum Kauf oder Verkauf angeboten. Aber in der Regel konnten nur die Wohlhabenden – Kaufleute, Fabrikbesitzer und Adlige – es sich leisten, Land zu erwerben. Schon bald gehörte der größte Teil Englands und Wales einigen wenigen Reichen. 1872 zeigte eine Erhebung, daß 1300 Personen mehr als die Hälfte des Grundes besaßen.

Diese lebten in großem Luxus. Sie ließen sich großzügige Landsitze und Parks bauen. Einige veranlaßten sogar, daß für die Landarbeiter neue, moderne Siedlungen errichtet wurden. Viele der Landarbeiter fanden auch Arbeit in den Häusern der Reichen, als Diener oder Gärtner.

DIE ARMEN

Bis 1834 war für die Armen in England dank der Armenabgabe – einer Art Steuer, die von den Grundbesitzern erhoben und an diejenigen, die Hilfe brauchten, verteilt wurde – einigermaßen gesorgt worden. 1834 wurde das Armengesetz geändert. Statt Unterstützung zu gewähren, steckte man die mittellosen Familien in Armenhäuser, wo sie unter schlimmsten Bedingungen und meistens auch noch von ihren Angehörigen getrennt, hart arbeiten mußten.

UNTERTANEN UND SKLAVEN

Trotz dieser Schwierigkeiten ging es der englischen Landbevölkerung besser als den Menschen in vielen anderen Ländern. Das mittelalterliche Feudalsystem hatte in einigen Teilen Europas überdauert. Das schlimmste Los jedoch trugen die schwarzen Sklaven auf den Baumwollplantagen in den USA.

Das Leben im Armenhaus war hart und streng organisiert. Familien wurden getrennt, das Essen war mehr als dürftig. Man behandelte die Männer, Frauen und Kinder äußerst schlecht und zwang sie zu Schwerstarbeit.

Die Reichen residierten auf Landsitzen, hielten sich viele Diener, Mägde und Knechte. Kaum einer der Reichen arbeitete. Sie vertrieben sich die Zeit mit Reiten, Jagen und Festen.

DAS LEBEN IN DER STADT

Ein Schuhputzer in New York. Viele arme Kinder waren gezwungen, sich ihren Lebensunterhalt auf der Straße zu verdienen.

Die Bevölkerung in den Industriestädten nahm sehr schnell zu. Für die Arbeiter baute man billige, düstere Häuser. Meistens befanden sich diese in der Nähe von Fabriken und Eisenbahnviadukten, die den letzten Rest Tageslicht raubten.

Eine der größten Veränderungen, die die Industrielle Revolution mit sich brachte, war die Stadtentwicklung. In England lebte im Jahre 1700 nur etwa 15 Prozent der Bevölkerung in Städten. Viele dieser Menschen arbeiteten als ungelernte Arbeiter in Manufakturen und Fabriken, in denen sie sehr schlecht bezahlt wurden.

DIE LANDFLUCHT

Die Stadtbevölkerung nahm so drastisch zu, weil viele Bauern auf der Suche nach Arbeit in die Stadt flüchteten. Wie kam das? Neue Landmaschinen und die Einhegungen führten dazu, daß es immer weniger Arbeit in der Landwirtschaft gab, denn die traditionellen Heimarbeiten wie Weben und Spinnen wurden von den neuen Maschinen verrichtet. Gleichzeitig hatten diese Maschinen die Entstehung der Massenproduktion begünstigt. Um diese Maschinen zu bedienen, benötigte man nun neue Arbeitskräfte. Die Landarbeiter kamen zu Tausenden in die Städte auf der verzweifelten Suche nach Arbeit.

STADTENTWICKLUNG

Die neuen Industriestädte schossen rund um die Fabriken empor, für die in der Regel Standorte in der Nähe von Flüssen gewählt wurden. Die hohen Fabrikschlote spuckten dicke Rauchwolken aus, die die Luft verpesteten und sich als Ruß- und Staubschicht auf alles niederschlugen. Bahngleise führten bis vor die Fabriken und überquerten Straßen und Gehwege.

Je größer die Stadt war, um so schneller stieg ihre Einwohnerzahl. Im 19. Jahrhundert wuchsen die großen Städte in den USA fünfmal schneller als die kleineren. Um 1850 hatte sich die Bevölkerung in Städten wie London, New York, Chicago, Essen und Lyon verdoppelt.

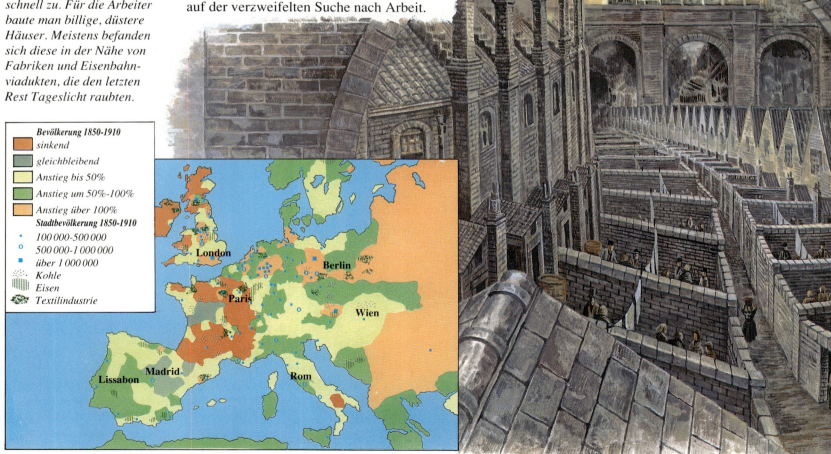

DIE ARBEITERWOHNUNG

Häuser und Wohnungen für die Arbeiter entstanden meistens in der Nähe der Fabriken. Da es kaum öffentliche Verkehrsmittel gab, mußten die Arbeiter in der Lage sein, zu Fuß an den Arbeitsplatz zu gelangen. Die Häuser wurden so billig wie möglich, entweder als Reihensiedlungen oder als hohe Mehrfamilienhäuser, errichtet. Die Straßen waren schmal und düster, und es gab keine Spielplätze, so daß die Kinder nur in den engen Gassen spielen konnten.

Die hohen Gebäude, Fabrikschlote und Eisenbahnviadukte ließen kaum Tageslicht in die kalten Wohnräume dringen. In den Wohnungen herrschte drangvolle Enge. Oft mußten fünf oder mehr Menschen in einem Bett schlafen. Sogar die Keller waren überfüllt.

DAS STRASSENBILD

Die Fabriken boten jedoch nicht genügend Arbeitsplätze für alle. Und in schlechten Zeiten entließen die Fabrikbesitzer einfach viele ihrer Arbeiter. Alle diese Menschen suchten in den überfüllten Straßen der Stadt nach einer Möglichkeit, ihren Lebensunterhalt zu verdienen.

1849 berichtete der Journalist Henry Mayhew über diese Menschen auf Londons Straßen und ihre bittere Armut. Er beschrieb Straßenhändler, Blumenverkäuferinnen, Brotverkäufer, Clowns, Schornsteinfeger und Kohlenhändler. Die geringste Achtung genossen Rattenfänger, Hundekotsammler und Straßenkehrer. Mayhews Artikel schockierten die englische Mittelschicht, die bis dahin die Existenz solcher Menschen übersah.

Durch die Straßen von New York irrten verwahrloste Kinder. Viele besaßen keine Schuhe und mußten die abgetragene Kleidung der Eltern tragen.

DIE WOHLHABENDEN

Natürlich gab es Stadtbewohner, die alles andere als arm waren. Diese Leute wollten nicht in der verschmutzten Innenstadt leben, und so bauten sie sich schöne Häuser in den Vororten der Städte.

Einige Fabrikbesitzer bemühten sich sogar, bessere Lebensbedingungen für ihre Arbeiter zu schaffen. In Schottland ließ Robert Owen menschenwürdigere Arbeitersiedlungen und Schulen für die Arbeiterkinder errichten. In Nordengland baute Titus Salt eine sorgfältig geplante Stadt um seine Fabriken, komplett mit einer Kirche, einer Schule, einem Krankenhaus und einem öffentlichen Bad.

In den Abwasserkanälen wimmelte es vor Ratten. Manche Männer verdienten sich damit ihren Lebensunterhalt, diese Ratten zu fangen. Gelegentlich verkauften sie lebendige Ratten an Leute, die – zur Belustigung der Zuschauer – mit Hunden Jagd darauf machten.

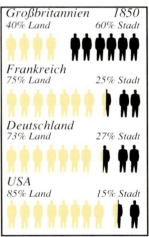

In der Zeit zwischen 1850–1870 fand eine regelrechte Landflucht der Bevölkerung in die Städte statt.

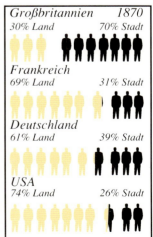

FABRIKEN

Spinnmaschinen in Samuel Slaters Baumwollfabrik in Massachusetts. Wasser- und Dampfkraft wurde eingesetzt, um eine Vielzahl von Maschinen anzutreiben.

Die ersten Fabriken waren so angelegt, daß sie zehn bis zwanzig Menschen Arbeit boten. Bereits um 1850 fanden Hunderte von Arbeitern in einer Fabrik Beschäftigung, wo sie Dutzende von verschiedenen Maschinen bedienten. Der Fabrikbesitzer kümmerte sich wenig um das Wohl seiner Arbeiter. Deshalb waren die Arbeitsbedingungen in den Fabriken erschreckend: Lärm, Schmutz und Gefahr gehörten zum Alltag.

KINDERARBEIT

Seit Jahrhunderten schon mußten auch kleine Kinder auf Bauernhöfen und in den Städten bei der Arbeit helfen. Da sie kleiner und schwächer als die Erwachsenen waren, übertrug man ihnen meistens einfache und leichte Aufgaben. Aber ein Kind konnte genauso gut wie ein Erwachsener eine Maschine in einer Fabrik bedienen. Daher mußten Tausende von Kindern, manche kaum zehn Jahre alt, viele Stunden in den Fabriken arbeiten. Ihre Eltern waren durchaus erfreut, da sie auf den zusätzlichen Lohn angewiesen waren. Die Fabrikbesitzer stellten gerne Kinder ein, da sie ihnen geringere Löhne als den Erwachsenen zahlen konnten.

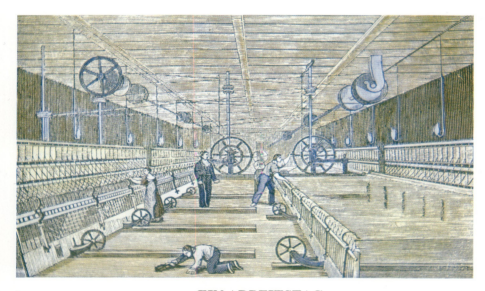

> „Es war eine Stadt der Maschinen und der hohen Schornsteine, ... Sie hatte einen schwarzen Kanal und einen Fluß, der voll übelriechender Farbe purpurn dahinfloß, mächtige Gebäudemassen mit zahllosen Fenstern, hinter denen es den ganzen Tag ratterte und bebte und der Kolben der Dampfmaschine sich eintönig auf und ab bewegte ... "
>
> — Charles Dickens

Frauen und Kinder bedienten die meisten Fabrikmaschinen. Kindern wurde viel weniger bezahlt als Erwachsenen, obwohl sie gleiche Arbeitszeiten hatten. Die Arbeit war oft gefährlich, und es gab viele Unfälle.

EIN ARBEITSTAG

Die Fabrikarbeiter hatten lange Arbeitszeiten – in der Regel zwölf bis vierzehn Stunden. Der einzige freie Tag war der Sonntag. Zwar hatte auch der Weber bei seiner Heimarbeit oft so lange gearbeitet, aber die Fabrikarbeit war ungleich schwerer, da dort die Maschinen den Arbeitsrhythmus vorgaben.

Arbeitspausen wurden kaum eingelegt. In den meisten Fabriken gab es strikte Regelungen, damit niemand trödelte. Wer zu spät zur Arbeit kam oder gar einen Tag fehlte, wurde hart bestraft. Die Einführung der Gasbeleuchtung bedeutete auch, daß die Arbeitstage im Sommer wie im Winter gleich lang waren.

FABRIKEN ÜBERALL

Die ersten großen Industriestädte voller Fabriken entstanden in England. In anderen europäischen Städten waren die Fabriken kleiner und oft außerhalb der Städte gelegen. Bis Mitte des 19. Jahrhunderts wurden auch noch viele Arbeiten an Heimarbeiter vergeben oder in kleinen Manufakturen und Werkstätten verrichtet.

Vor 1830 setzten sich die Fabriken ziemlich langsam in den USA durch. Dies lag darin begründet, daß das Land dünn besiedelt war und viele Menschen eigenen Grund besaßen. Es gab dort keine Menschenmassen in den Städten, die verzweifelt nach Arbeit suchten.

6 Uhr	7 Uhr	9 Uhr	13 Uhr	20 Uhr
Aufstehen	Arbeitsbeginn in der Fabrik	Kurze Frühstückspause	Mittagspause bis 14 Uhr	Feierabend

ALLE TAGE AUSSER SONNTAGS. LOHN: 20 PENNIES/WOCHE (in England)

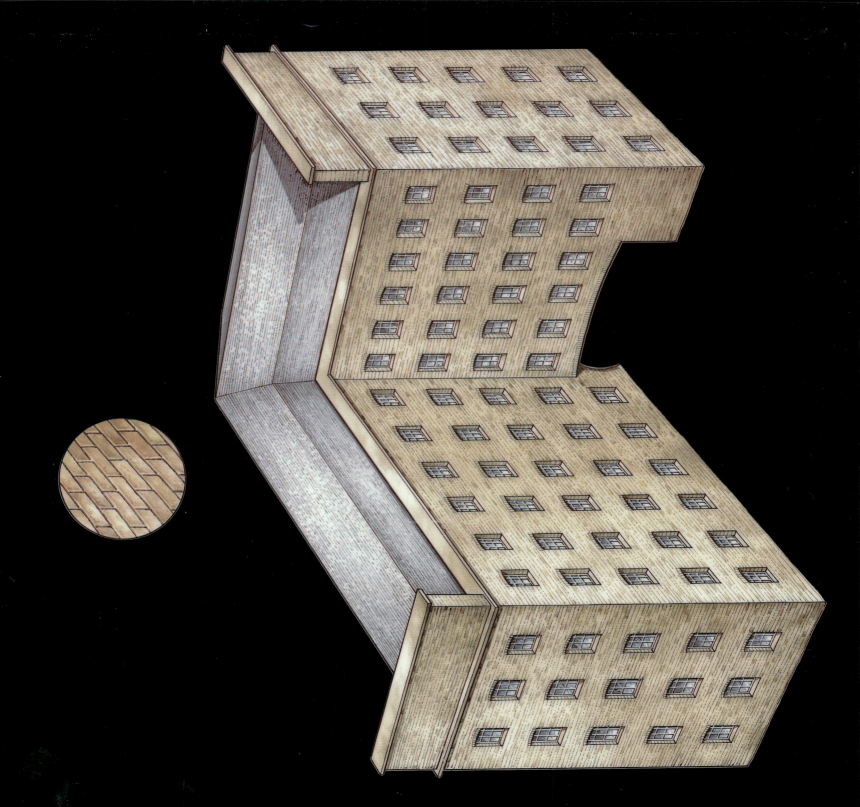

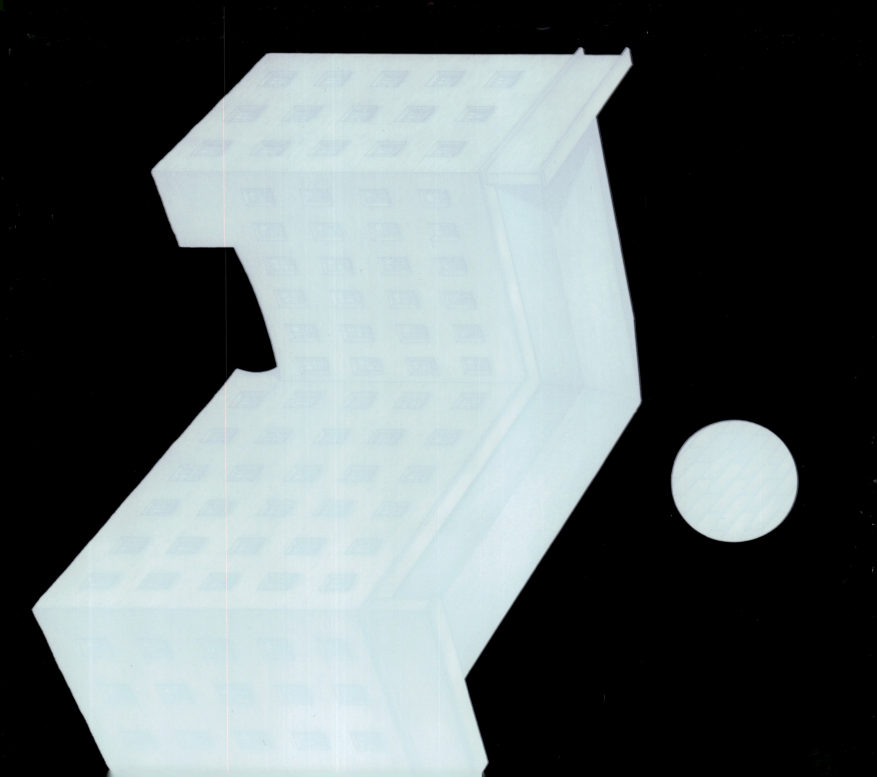

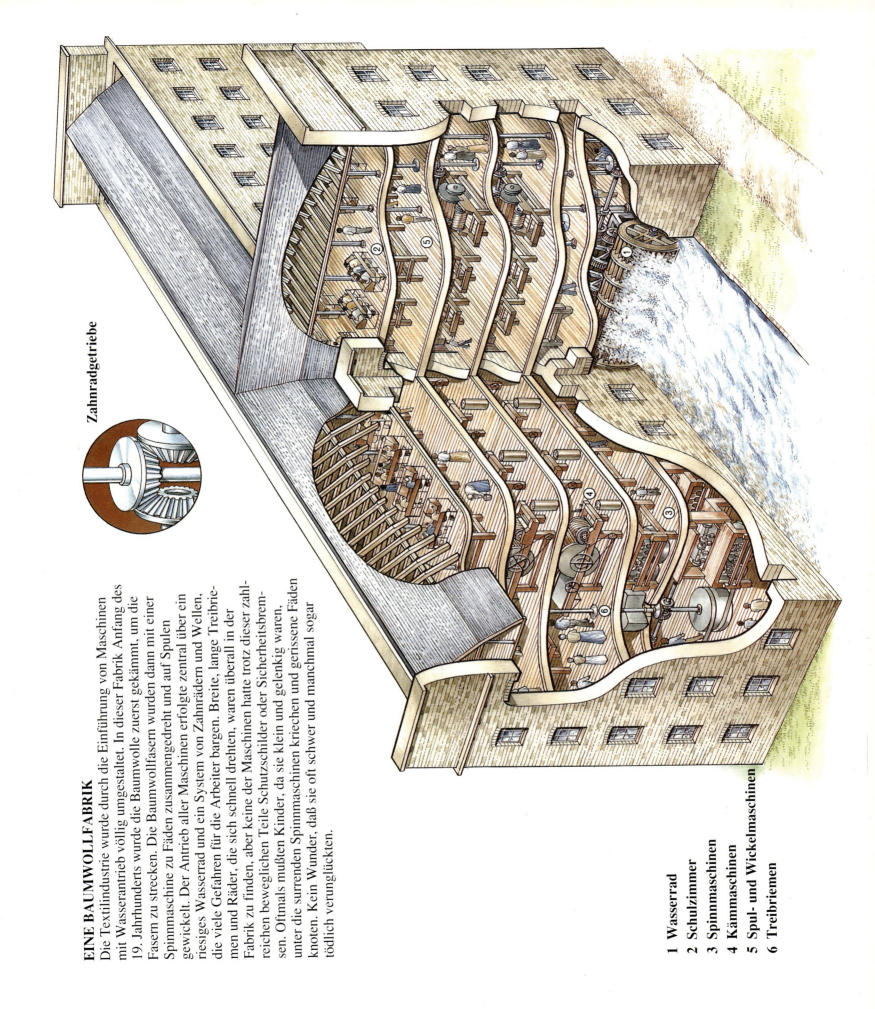

EINE BAUMWOLLFABRIK

Die Textilindustrie wurde durch die Einführung von Maschinen mit Wasserantrieb völlig umgestaltet. In dieser Fabrik Anfang des 19. Jahrhunderts wurde die Baumwolle zuerst gekämmt, um die Fasern zu strecken. Die Baumwollfasern wurden dann mit einer Spinnmaschine zu Fäden zusammengedreht und auf Spulen gewickelt. Der Antrieb aller Maschinen erfolgte zentral über ein riesiges Wasserrad und ein System von Zahnrädern und Wellen. Breite, lange Treibriemen, die viele Gefahren für die Arbeiter bargen, waren überall in der Fabrik zu finden, aber keine der Maschinen hatte trotz dieser zahlreichen beweglichen Teile Schutzschilder oder Sicherheitsbremsen. Oftmals mußten Kinder, da sie klein und gelenkig waren, unter die surrenden Spinnmaschinen kriechen und gerissene Fäden knoten. Kein Wunder, daß sie oft schwer und manchmal sogar tödlich verunglückten.

Zahnradgetriebe

1 Wasserrad
2 Schulzimmer
3 Spinnmaschinen
4 Kämmaschinen
5 Spul- und Wickelmaschinen
6 Treibriemen

GESUNDHEIT UND KRANKHEIT

„Monster-Suppe": So dürfte das Wasser der Themse 1828 unter dem Mikroskop ausgesehen haben. Zu jener Zeit wurde Trinkwasser meistens aus dem nächsten Fluß entnommen. Die Flüsse aber waren durch Abwässer verschmutzt und voller Krankheitserreger.

Reiche konnten sich die besten Ärzte leisten. Sie waren nicht auf öffentliche Krankenhäuser angewiesen, sondern wurden zu Hause behandelt. Einige ließen sich sogar daheim operieren.

Die europäischen Städte waren niemals saubere und gesunde Orte gewesen. Nun hatte sich die Situation drastisch verschlimmert. Armselige Unterkünfte und schlechte Ernährung, Überbevölkerung und die Luftverschmutzung durch die Fabriken waren ein guter Nährboden für die Ausbreitung von Krankheiten. Tausende starben an Infektionskrankheiten wie Typhus. Wiederum Tausende wurden durch Arbeitsunfälle zu Krüppeln oder waren zu krank, um zu arbeiten.

UMWELTVERSCHMUTZUNG
Die neuen Fabriken und Eisenhütten führten zu einer immensen Umweltverschmutzung. Aus verheizter Kohle entstanden Rauch und giftige Gase wie Schwefeldioxyd. Koks in den Hochöfen setzte riesige Rauch- und Gaswolken frei.

Die Baumwollfabriken verschmutzten die Flüsse mit Farbstoffen und anderen Abwässern. Nur sehr wenige Fabrikbesitzer bemühten sich, dieser Verschmutzung entgegenzuwirken.

Ebenso schlecht bestellt war es um die Bergwerksgebiete. Riesige Schutthalden türmten sich neben den Kohle- und Lehmgruben.

ARMSELIGE UNTERKÜNFTE
In den schlechten Behausungen der Städte lebte es sich höchst ungesund. Es gab kein fließendes Wasser, keine Toiletten und keine Abflußrohre in den Wohnungen. Alle Bewohner eines Wohnblocks teilten sich die Benutzung von drei bis vier Aborten.

Badezimmer kamen äußerst selten vor (sogar Königin Viktoria von England war überrascht festzustellen, daß es 1837 im Buckingham Palace noch keine Badewanne gab). Es war außerdem nicht ungefährlich, Wasser zu trinken. Bis etwa 1850 wurde das Trinkwasser meistens aus dem nächstgelegenen Fluß entnommen, der stark mit Abwässern und Fabrikabfällen verschmutzt war.

KRANKHEIT UND TOD
Die schmutzigen Straßen, die stinkenden Aborte und die verpesteten Flüsse boten Krankheiten den idealen Nährboden. In der ersten Hälfte des 19. Jahrhunderts wurde Europa von mehreren Epidemien heimgesucht. 1832 fielen mehrere tausend Menschen der Cholera zum Opfer – 31 000 allein in Großbritannien. Typhus, Pocken und Ruhr rafften unzählige dahin.

Abgesehen von diesen heimtückischen Epidemien gab es viele leichtere Krankheiten, die aber genauso tödlich verlaufen konnten. Noch im Jahre 1894 starben in London jede Woche Hunderte von Kindern an Masern. Andere wurden wegen Mangelernährung zu Krüppeln.

KRANKENHÄUSER
Wohlhabende Bürger konnten es sich leisten, von Ärzten zu Hause behandelt zu werden. Den Armen blieb diese Möglichkeit versagt. Sie waren auf öffentliche Krankenhäuser angewiesen, die mit Hilfe von Spenden der Reichen errichtet und betrieben wurden.

Zunächst waren diese Krankenhäuser schmutzig und stets überbelegt. Es war damals noch nicht bekannt, wie wichtig Sauberkeit und gute Lüftung im Kampf gegen die tödlichen Krankheitserreger waren. Mit fortschreitenden medizinischen Erkenntnissen wurden Krankenhäuser zunehmend hygienischere Orte.

ESSEN UND TRINKEN
Die Armen in der Stadt ernährten sich einsei-

Die meisten Menschen hatten kein Geld für Arzneimittel und Krankenhäuser. Sie waren auf Wohltätigkeitsvereine und die Krankenstationen in Armenhäusern angewiesen, die meistens überfüllt und schmutzig waren.

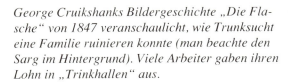

George Cruikshanks Bildergeschichte „Die Flasche" von 1847 veranschaulicht, wie Trunksucht eine Familie ruinieren konnte (man beachte den Sarg im Hintergrund). Viele Arbeiter gaben ihren Lohn in „Trinkhallen" aus.

„Todesspender". Diese Karikatur von 1866 zeigt, daß viele Krankheiten durch verunreinigtes Trinkwasser aus Pumpen und Brunnen verbreitet wurden. Die gefährlichsten Krankheiten waren Cholera, Typhus und Ruhr.

tig und nicht sehr nährstoffreich. Sie aßen vorwiegend Brot, Schmalz und Suppe und gelegentlich etwas Speck oder Hammelfleisch. Die Landarbeiter hatten es etwas besser, da sie oft in eigenen Gärten Gemüse, meistens Kartoffeln, anbauten.

Ein noch größeres Problem stellte der Alkohol dar. Das „Teufelszeug" Schnaps war billig und brachte besonders in den 1830er Jahren viel Leid über die Menschen. Um ihrem tristen Leben für einige Stunden zu entfliehen, gaben die Männer ihren sauer verdienten Lohn in Trinkstuben aus – ihre Familien mußten dann hungern.

SOZIALREFORMEN

Lord Shaftesbury (1801-1885) war maßgeblich an der Durchsetzung der Arbeitsgesetze in England beteiligt. Er erreichte, daß Frauen- und Kinderarbeit unter Tage verboten wurde und Kinder nicht mehr in die Schornsteine geschickt werden durften.

Die Notlage der Armen führte schließlich zu einer Protestwelle. Schriftsteller wie Engels, Dickens und Mayhew schilderten schonungslos die unwürdigen Bedingungen, unter denen die Armen lebten und arbeiteten. Daraufhin wurden schließlich Mitte des 19. Jahrhunderts neue Arbeitsgesetze erlassen und Wohltätigkeitsvereine gegründet, die halfen, das Los der Armen zu mildern. Wissenschaftler und Ingenieure trugen auch dazu bei, den Lebensstandard zu heben, indem sie für saubereres Wasser sowie neue Arzneimittel und Behandlungsmethoden sorgten.

ARBEITSGESETZE

Als die ersten Fabriken gebaut wurden, gab es noch keine Gesetze zum Schutz der Industriearbeiter. Erst 1802 erließ die britische Regierung das erste Gesetz, das die Arbeitszeit für Kinder einschränkte. 1819 verbot ein zweites Arbeitsgesetz die Beschäftigung von Kindern unter neun Jahren.

Diese Gesetze waren allerdings wirkungslos, da schlaue Fabrikbesitzer Möglichkeiten fanden, sie zu umgehen. 1833 gelang es Lord Shaftesbury, einem großen englischen Reformer, neue Arbeitsgesetze durchzusetzen, die vorsahen, daß die Fabriken regelmäßig von Inspektoren kontrolliert und gefährliche Maschinen mit Schutzvorrichtungen ausgestattet wurden. Sie verkürzten auch die zulässige Arbeitszeit für Frauen und Jugendliche und verboten, Kinder als Schornsteinfeger einzusetzen. Das Bergwerksgesetz von 1842 verbot Frauen- und Kinderarbeit unter Tage.

SAUBERERE STÄDTE

Mit der Ausdehnung der Städte wuchsen auch die Probleme mit der schlechten oder fehlenden Kanalisation und der Trinkwasserversorgung. Eine Untersuchung aus den 1840er Jahren zeigte, daß mehr als die Hälfte der Städte Großbritanniens nur unzureichend oder gar nicht mit sauberem Trinkwasser versorgt waren. Doch die Menschen erkannten erst spät den Zusammenhang zwischen Schmutz und Krankheit. In England setzte sich Edwin Chadwick für die Einführung einer besseren Kanalisation ein. Mitte des Jahrhunderts verfügte London über ein gewaltiges Kanalisationssystem, das die Abwässer weit weg von der Stadt führte. Nach einer Cholera-Epidemie wurden auch in Hamburg und Paris umfassende Kanalisationen angelegt.

Im Jahre 1842 war New York die erste Großstadt, die über ein Leitungssystem für Trinkwasser verfügte. Das Wasser wurde aus großer Entfernung über Auffangbecken und Aquädukte in die Stadt gepumpt.

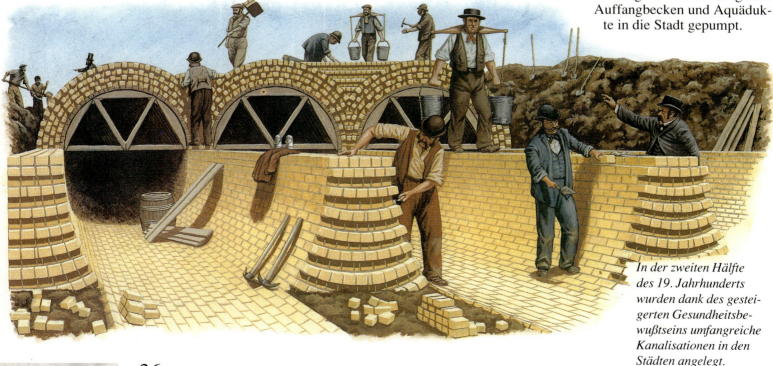

In der zweiten Hälfte des 19. Jahrhunderts wurden dank des gesteigerten Gesundheitsbewußtseins umfangreiche Kanalisationen in den Städten angelegt.

WOHLTÄTIGKEITSVEREINE

Einige der Reformer erkannten, daß die Armen nicht nur bessere Wohn- und Arbeitsplätze benötigten, sondern auch geistige Führung und Anleitung für die Gestaltung des täglichen Lebens. Verschiedene Religionsgemeinschaften, wie zum Beispiel die Methodisten, richteten Missionsstationen als Begegnungsstätten in ihren Kirchen ein. 1878 gründete William Booth die Heilsarmee in London, die den Auftrag hatte, das Wort Gottes in den Armenvierteln zu verkünden. Die Heilsarmee wurde bald auch in den USA und Australien aktiv.

ÄRZTLICHE VERSORGUNG

Die Industrialisierung war das Zeitalter der Krankheiten und Epidemien, aber auch das Zeitalter der medizinischen Erkenntnisse. 1796 fand der Engländer Edward Jenner heraus, daß Menschen, die einmal an Kuhpocken erkrankt gewesen waren, automatisch immun gegen die weitaus gefährlicheren Pockenerreger waren. Durch diese Entdeckung war die tödliche Krankheit innerhalb eines Jahrhunderts beinahe ausgemerzt.

Im Jahre 1846 verwendete Dr. John Warren Äther als Betäubungsmittel bei einem chirurgischen Eingriff in den USA. Zum ersten Mal konnte somit eine Operation durchgeführt werden, ohne daß der Patient unsägliche Qualen leiden mußte. Kurze Zeit später wies der Franzose Louis Pasteur nach, daß Infektionskrankheiten durch Bakterien übertragen werden. Joseph Lister nutzte Pasteurs Entdeckung und ließ den Operationssaal und alle Instrumente mit Karbol besprühen, welches die Krankeitserreger abtötete.

Viele Menschen hatten Angst vor Jenners Pockenimpfung. Diese berühmte Karikatur (links) von James Gillray zeigt einige der befürchteten Nebenwirkungen der Impfung.

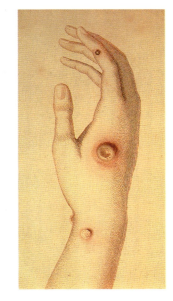

(Oben) Mit Kuhpocken bedeckte Hand. Jenner entnahm aus solchen Pusteln Proben für seine ersten Schutzimpfungen gegen Pocken.

> „Das Geschlecht, das in diesen verfallenen Hütten, hinter den zerbrochenen Fenstern ... , den rissigen Türen und abfaulenden Pfosten ... , zwischen diesem grenzenlosen Schmutz und Gestank in dieser wie absichtlich eingesperrten Atmosphäre lebt – das Geschlecht muß wirklich auf der niedrigsten Stufe der Menschheit stehen."
>
> — *Friedrich Engels*

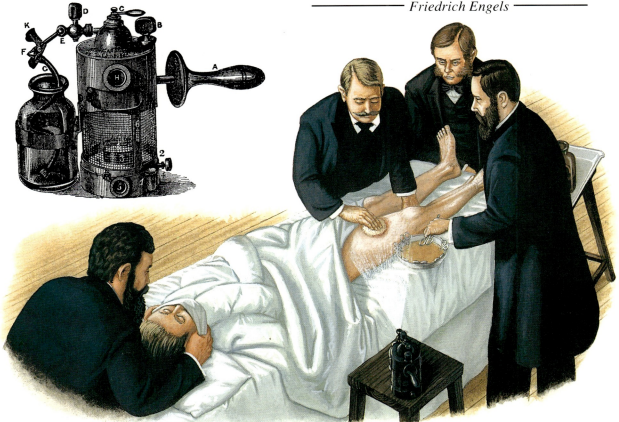

Nach 1840 waren Operationen weitaus weniger schmerzhaft dank des Einsatzes von Äther als Narkosemittel. Trotzdem starben nahezu die Hälfte aller Operierten an Infektionen. Mit dem „Karbolsprühgerät" (oben links), das Lister einführte, wurden Operationssäle und Instrumente desinfiziert. So konnte vielen Patienten das Leben gerettet werden.

AUFSTÄNDE UND HUNGERSNÖTE

Tausende Landarbeiter erhoben sich in England und Frankreich Anfang des 19. Jahrhunderts. Sie zerstörten Dreschmaschinen, brannten Heuschober nieder und griffen Grundbesitzer an, um gegen den Verlust ihrer Arbeitsplätze durch Maschinen und Einhegungen zu protestieren.

Wie ein Stein, der in den Teich geworfen, Wellen bis an das andere Ufer schickt, brachte die Industrielle Revolution Umwälzungen, die sich auf den Lauf der ganzen Welt auswirkten. Das Leben vieler Menschen veränderte sich dramatisch; manche kamen zu beträchtlichem Wohlstand, andere verarmten und litten Hunger. All diese Änderungen verursachten beträchtliche soziale Unruhen im 19. Jahrhundert.

Süden Englands statt, wo zur Abschreckung 19 Männer hingerichtet und ungefähr 500 nach Australien verbannt wurden.

DIE HUNGERSNOT
In den 1840er Jahren kam es zu mehreren aufeinanderfolgenden schlechten Ernten in West- und Osteuropa.

Zu den Ländern, die am schlimmsten betroffen waren, zählte Rußland, wo Tausende von Bauern elend verhungerten.

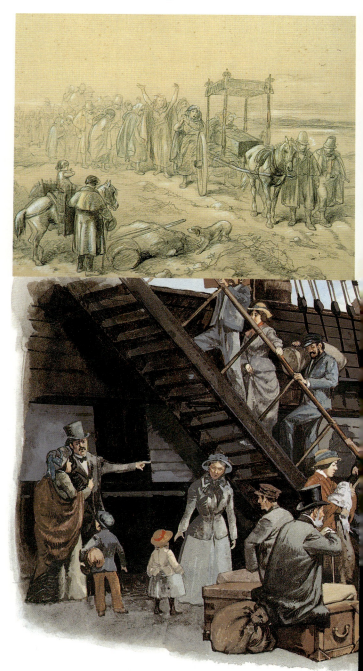

(Oben rechts) Ein Opfer der Großen Hungersnot von 1845 in Irland wird zu Grabe getragen. Innerhalb von fünf Jahren verhungerte eine Million Menschen. Viele retteten sich, indem sie auswanderten.

Bereits 1811 hatte sich die Wut der Arbeiter so aufgestaut, daß sie in Horden durch die Industriestädte im Norden Englands zogen und Maschinen zerstörten und Fabriken anzündeten. Diese Maschinenstürmer glaubten, durch mutwillige Zerstörung die neue Zeit aufhalten und ihre Arbeitsplätze sichern zu können. In ganz Europa kam es zu ähnlichen Vorfällen. 1841 stürmten Pariser Arbeiter eine Fabrik und zertrümmerten dort alle Nähmaschinen. 1844 kam es zum Weberaufstand in Schlesien.

UNRUHEN AUF DEM LANDE
1815 endete der lange Krieg zwischen England und Frankreich. Tausende von Soldaten kehrten in ihre Dörfer zurück. Dort fanden sie jedoch kaum noch Arbeit.

In England und Frankreich zerstörten aufgebrachte Landarbeiter die neuen Dreschmaschinen, setzten Heu- und Strohballen in Brand und griffen die Grundbesitzer an. 1830 fanden die Aufstände besonders häufig im

Noch schlimmer war die Hungersnot, die 1845 Irland heimsuchte. Zu jener Zeit ernährte sich fast die gesamte Bevölkerung Irlands ausschließlich von Kartoffeln. Die Kartoffelpest vernichtete beinahe die ganze Jahresernte, so daß die Iren ohne Nahrung waren. Diese Hungersnot dauerte fünf Jahre in Folge!

In dieser Zeit verhungerten nahezu eine Million Menschen. Zwei Millionen verließen Irland und suchten Zuflucht in England oder den USA.

DIE GEWERKSCHAFTEN

Fabrik- oder Bergwerksbesitzer besaßen sehr viel Macht über die Arbeiter, die sie beschäftigten. Sie legten die Löhne, die Arbeitszeit und die Arbeitsbedingungen fest.

Im Laufe des 18. Jahrhunderts unternahmen die Arbeiter mehrere Versuche, sich in Gewerkschaften zu organisieren, die ihre Interessen vertreten sollten. Aber die Regierung erließ Gesetze, die solche Zusammenschlüsse verboten.

In Großbritannien wurden 1825 Gewerkschaften zwar zugelassen, doch die Gewerkschaftsführer mußten um ihr Leben fürchten. Noch 1834 verbannte man sechs Landarbeiter aus der Grafschaft Dorset wegen Gewerkschaftsgründung nach Australien.

Erst ab 1860 erstarkten die Gewerkschaften dank der zunehmenden Arbeiterbewegung in den USA, in Frankreich und in Deutschland.

DAS JAHR DER REVOLUTION

Infolge der gesellschaftlichen Verhältnisse kam es zu sozialen Unruhen, die schließlich in den Revolutionen von 1848 gipfelten. Das unkontrollierte Wachstum der Städte, die neuen, schnelleren und bequemeren Reisemöglichkeiten, die weitverbreitete Mobilität der Menschen und nicht zuletzt die Schriften von Karl Marx führten zu einem gesteigerten Interesse am politischen Geschehen.

Bereits während der Französischen Revolution 60 Jahre zuvor waren viele Menschen für größere politische Freiheiten eingetreten. Nun erhoben sie sich in mehreren Ländern Europas, um gegen die Unterdrücker zu kämpfen. Obwohl keine dieser Revolutionen von Erfolg gekrönt war, stellten sie die ersten Anzeichen für den Niedergang des alten Europas dar.

1848 kam es in vielen Teilen Europas zu Unruhen. Dieses Bild zeigt, wie das Militär die Barrikaden in Paris stürmt.

Karl Marx (1818-1883) behauptete, daß der Klassenkampf zwischen Proletariat und Bürgertum zu einer klassenlosen Gesellschaft führen würde.

Armut und Hungersnot vertrieben nach 1840 über zwei Millionen Menschen aus Irland. Viele suchten in England vergeblich Arbeit und wanderten dann nach Nordamerika aus.

DIE AUSWANDERUNGSWELLE

So sahen die Schiffe aus, die die Auswanderer Mitte des 19. Jahrhunderts in ihre neue Heimat brachten. Segel und Dampf trieben sie voran, und sie überquerten den Atlantik in einigen Wochen. Für die Annehmlichkeiten der Passagiere erster Klasse war gesorgt, aber für die Armen war die Überfahrt eine Tortur, da sie sich nur im überfüllten Zwischendeck aufhalten durften.

Viele arme Menschen im industrialisierten Europa sahen bald ihre einzige Hoffnung auf ein besseres Leben darin, nach Übersee auszuwandern. Sie versuchten ihr Glück in den weiten und dünnbesiedelten Gebieten der Neuen Welt und in den entfernten Kolonien im Pazifik. Nach 1825 gaben viele ihre alte Heimat auf und begannen ein neues Leben in den USA oder in Kanada, Südamerika, Australien oder Neuseeland.

IN AMERIKA

Im Laufe der nächsten hundert Jahre verließen siebzehn Millionen Menschen Großbritannien und Irland. Die meisten von ihnen gingen nach Amerika. Ihrem Beispiel folgten auch viele Italiener, Deutsche, Russen und Polen.

Die meisten Auswanderer waren arme, ungelernte Arbeiter. Da sie aber unternehmungslustig und auch bereit waren, Risiken einzugehen, konnten sie bald ein neues Leben

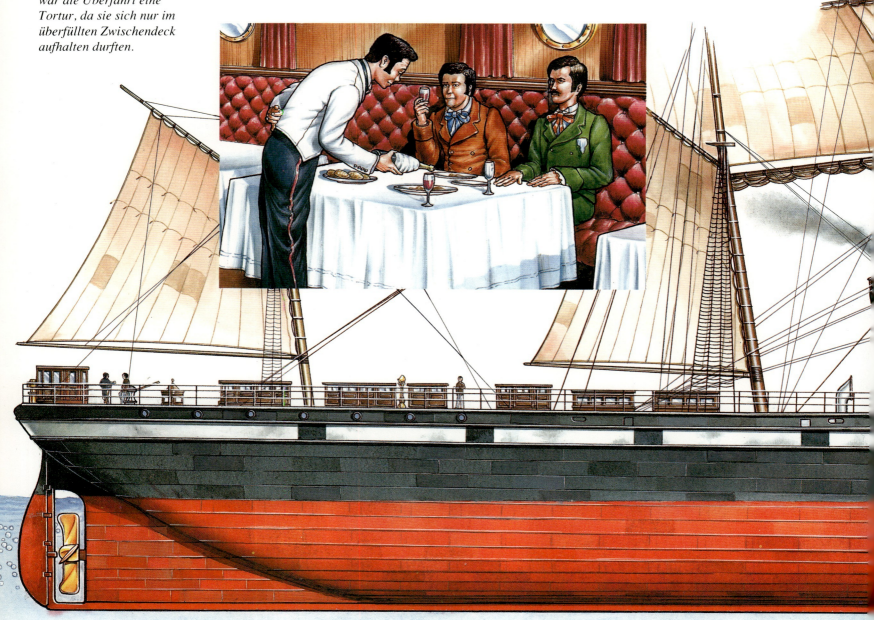

beginnen. In der neuen Heimat gab es ausreichend Arbeit in Mühlen und Fabriken, in Bergwerken und beim Bau von Eisenbahnstrecken kreuz und quer durch das Land bis an die westlichsten Grenzposten. Die Landpreise waren niedrig, und die Emigranten stellten bald fest, daß es genügend Land, Nahrung und sauberes Wasser für alle gab.

Zur gleichen Zeit wanderten Tausende Portugiesen und Spanier in die Kolonien in Mittel- und Südamerika aus.

AUSTRALIEN

Die ersten britischen Siedler in Australien waren Sträflinge, die man dorthin deportierte, anstatt sie ins Zuchthaus zu sperren. 1788 landete eine ganze Flotte mit Sträflingen an der Ostküste, wo die ersten Siedlungen nach und nach entstanden.

Nach 1840 wurde die Deportation von Sträflingen nach Australien eingestellt. 1851 jedoch lösten Goldfunde erneut eine große Einwanderungswelle aus. Viele kamen in der Hoffnung, schnell reich zu werden. Andere kauften Land und versuchten sich in der Schafzucht. Bald wurden Wolle und Fleisch Australiens bedeutendste Exportgüter.

Während des 19. Jahrhunderts stieg Australiens Bevölkerung von unter einer Million auf mehr als fünf Millionen Einwohner. Auch Neuseelands Einwohnerzahlen wuchsen schnell, obwohl das Land wesentlich kleiner als Australien ist.

Arme Passagiere hatten keinen privaten Bereich und nur sehr wenig Platz zur Verfügung. Die meisten verpflegten sich selbst mit mitgebrachten Vorräten. Das streng rationierte Trinkwasser wurde in Fässern aufbewahrt, die oft verunreinigt waren. Zu diesen schlechten Bedingungen und der Seekrankheit kam noch, daß diese Passagiere oft von Seeleuten verprügelt wurden, so daß viele starben, bevor sie die neue Heimat erreichten.

Zeichenerklärung

1 Mannschaftsräume
2 Zwischendeck (für arme Passagiere)
3 Vorratsräume
4 Speisesaal
5 Kajüten erster Klasse
6 Belüftungsschacht
7 Kohlenlager

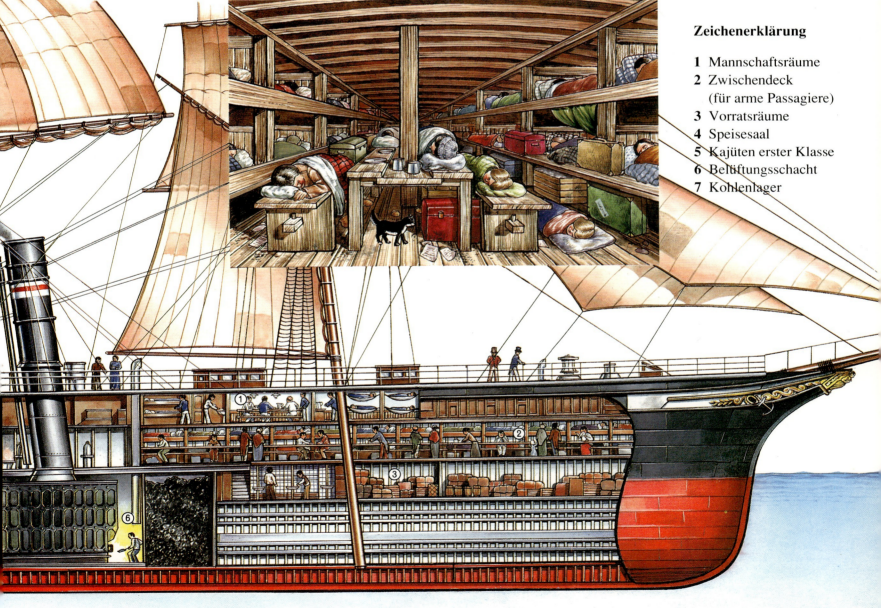

KUNST UND ARCHITEKTUR

Die Umwälzungen im Zeitalter der Industrialisierung inspirierten zahlreiche Künstler und Schriftsteller, die die Thematik allerdings auf unterschiedliche Weise umsetzten. Einige feierten in ihren Werken die Idee des Fortschritts, die mächtigen neuen Maschinen und das Wachstum der Städte. Andere waren entsetzt von den negativen Auswirkungen der Industrialisierung, von der Ausbreitung von Armut und Krankheit. Und es gab auch Künstler, die die Gegenwart außer acht ließen und zurückblickten auf die romantisch-verklärte vorindustrielle Zeit, die ihnen idyllisch und zivilisierter erschien.

DÜSTERE SATANSMÜHLEN
In seinem Gedicht „Jerusalem" stellte der englische Dichter William Blake die Fabriken in den neuen Industriestädten als „düstere Mühlen des Satans" dar. Viele der Romane, die Charles Dickens zwischen 1830 und 1860 schrieb, beschäftigen sich mit einem anderen düsteren Ort – nämlich London. Seine Beschreibungen der Elendsviertel, der verrottenden Häuser, der Abfallberge, der von Krankheiten und Hunger geplagten Armen schockierten viele Leser seiner Zeit. Eine sozialkritische Darstellung der Situation der Armen in Frankreich gelang Viktor Hugo in seinem Roman „Die Elenden" von 1862.

DAMPF UND GESCHWINDIGKEIT
Viele Schriftsteller faszinierte die Dampfkraft – besonders Dampflokomotiven. Nie zuvor hatte es so etwas Schnelles und Tödliches gegeben. Einige Helden der Literatur jener Zeit fanden den Tod bei einem Zugunglück. In Tolstois „Anna Karenina" wirft sich die Heldin vor einen Zug. In Emile Zolas „Die Bestie im Menschen" von 1890 steht die Dampflokomotive symbolhaft für das Böse, und in Gerhart Hauptmanns Novelle „Bahnwärter Thiel" (1892) spielen Zug und Bahngleise eine schicksalhafte Rolle.

DIE GEMALTE REVOLUTION
Die neuen Erfindungen und Ideen sowie die veränderten Landschaften inspirierten Hunderte von Malern zu neuen Bildern. Adolph von Menzel fand neue Kunstmotive in realistischen Industrieszenen. Den englischen Maler John Constable faszinierten Kanäle und Brücken, die oft in seinen Landschaftsbildern zu finden sind. Mit seinem berühmten Gemälde „Regen, Dampf und Geschwindigkeit" vermittelte William Turner die Faszination der Dampflokomotive. Claude Monet malte eine ganze Reihe von Bildern, auf denen der Bahnhof St. Lazare in Paris zu sehen ist.

Besonders seltsam waren die Bilder von John Martin, der sich in den 1830er Jahren in England großer Beliebtheit erfreute. Er malte mit Vorliebe Bergwerke, Tunnels und Gaswerke. Sein Gemälde „Der große Tag seines Zornes" ist eine Vision des Jüngsten Gerichts vor dem Hintergrund eines englischen Industriehafens.

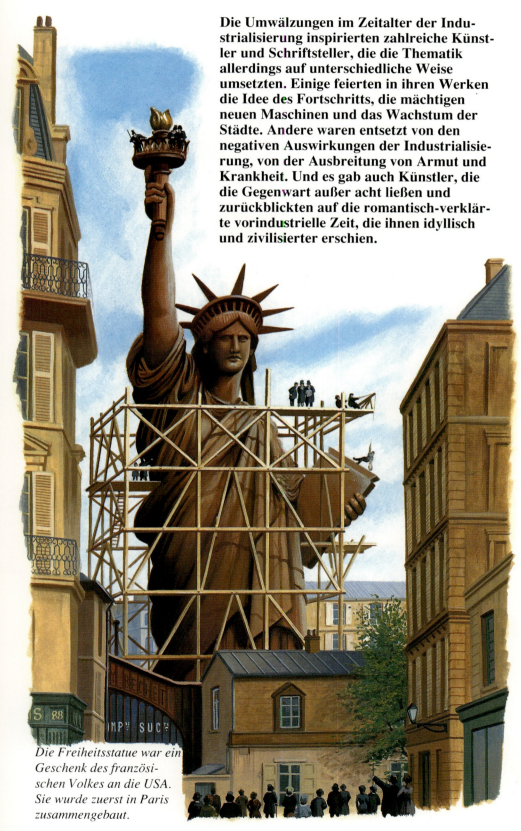

Die Freiheitsstatue war ein Geschenk des französischen Volkes an die USA. Sie wurde zuerst in Paris zusammengebaut.

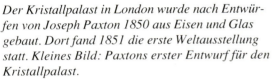

Der Kristallpalast in London wurde nach Entwürfen von Joseph Paxton 1850 aus Eisen und Glas gebaut. Dort fand 1851 die erste Weltausstellung statt. Kleines Bild: Paxtons erster Entwurf für den Kristallpalast.

DAS VERLORENE PARADIES

Vielen Menschen erschien die neue Zeit häßlich und herzlos. Die Schriftsteller beklagten den Verlust der schönen, friedlichen Landschaft, die für immer zerstört war, und die Tatsache, daß Geld das Wichtigste zu sein schien. James Fenimore Cooper, der Autor von „Der letzte Mohikaner" beschreibt, wie sich der Wilde Westen langsam der Zivilisation beugen mußte. Auch Mark Twains berühmter Roman „Huckleberry Finn" behandelt dieses Thema.

Auch in Europa gehörte das althergebrachte, beschauliche Landleben bald der Vergangenheit an. Englische Romanschriftsteller wie Thomas Hardy und George Eliot hielten dies in ihren Werken fest. Die Wehmut, mit der die Vergangenheit verklärt wurde, führte bald dazu, daß die Menschen glaubten, es hätte tatsächlich ein „goldenes Zeitalter" des Landlebens gegeben.

DENKMÄLER

In vorangegangenen Jahrhunderten hatten die Menschen Kathedralen und Kirchen errichtet, um Gott zu huldigen. Nun bauten sie Denkmäler, um den Fortschritt und die Technologie zu verherrlichen. 1851 wurde in London ein riesiges Gebäude aus Gußeisen und Glas errichtet. Der Kristallpalast war vollständig aus genormten Fertigteilen zusammengesetzt. Dort fand die erste Weltausstellung statt, auf der die neuesten Maschinen und technischen Errungenschaften aus der ganzen Welt gezeigt wurden. Neue Materialien und Verfahren machten es möglich, riesige Gebäudekonstruktionen zu errichten. 1886 wurde die von Frédéric Auguste Bartholdi geschaffene Freiheitsstatue am Hafeneingang von New York aufgestellt. Für die Pariser Weltausstellung von 1889 wurde die bis dahin höchste und gewaltigste Eisenkonstruktion, der Eiffelturm, errichtet: ein Triumph mathematischer Berechnungen.

„Schmiede" (links), Gemälde von Joseph Wright aus dem Jahre 1772. Wright war einer der ersten Maler, die sich mit Industriemotiven wie Hochöfen und Fabriken beschäftigten.

Drei Konstruktionsphasen des Eiffelturms, der in Paris zwischen 1888 und 1889 errichtet wurde. Er besteht aus über 6400 Tonnen Eisen und Stahl.

NEUE ENERGIEQUELLEN

Michael Faraday (1791-1867) war ein englischer Wissenschaftler, der entdeckte, daß elektrischer Strom entsteht, wenn man einen Magneten um eine Kupferspirale bewegt. Nach diesem Prinzip arbeiten elektrische Motoren und Generatoren.

Die Industrielle Revolution hörte nicht plötzlich auf, sondern reichte bis ins 20. Jahrhundert. Noch während die Dampfkraft Triumphe feierte, waren Wissenschaftler schon damit beschäftigt, Elektrizität als Energiequelle nutzbar zu machen. Eisenbahnen waren immer noch das wichtigste Verkehrsmittel, aber es wurden bereits die ersten Automobile mit Benzinmotor gebaut. Gleichzeitig entwickelte man unzählige neue Maschinen und Verfahren.

PIONIERE DER ELEKTRIZITÄT

Elektrizität war den Menschen schon seit vielen Jahrhunderten bekannt. Bereits im Mittelalter verwendeten die Reisenden magnetische Steine, um die nördliche Richtung zu bestimmen.

Ab 1740 experimentierte der Amerikaner Benjamin Franklin mit elektrischem Strom. In seinen berühmten Drachenversuchen wies er die elektrische Natur des Gewitters nach. 1790 konstruierte der Italiener Alessandro Volta die erste Batterie und produzierte elektrischen Strom. Der Durchbruch auf diesem Gebiet gelang 1831, als Michael Faraday herausfand, daß ein Magnet, der sich in einer Spule dreht, Elektrizität erzeugt. Damit hatte er den ersten elektrischen Motor erfunden. Er bewies auch, daß elektrischer Strom von Maschinen erzeugt werden kann

EINSATZMÖGLICHKEITEN

Faradays Erfindung wurde bald in die Praxis umgesetzt. Größere Generatoren und Motoren wurden gebaut. 1871 entwickelte der Belgier Zenobe Gramme einen Dynamo, der zuverlässig und gleichmäßig elektrischen Strom erzeugte. Bald löste die Elektrizität die Dampfkraft als Antrieb für die Maschinen in den Fabriken ab.

Dann entdeckte man, daß die neue Energiequelle auch dazu geeignet war, Licht zu spenden. Die ersten funktionierenden Glühbirnen entwickelten um 1860 Joseph Swan in England und der bedeutende amerikanische Erfinder Thomas Edison. Es dauerte nicht lange, und Straßen, Fabriken und sogar Wohnhäuser wurden mit elektrischem Strom erhellt.

Benjamin Franklin führte viele Versuche mit Elektrizität durch. Der berühmteste war der von 1752, als er bei Gewitter einen Drachen steigen ließ. Der Blitz schlug in den Drachen ein, wobei ein Funke entstand. Damit war bewiesen, daß Blitze elektrischen Strom darstellen.

KOMMUNIKATION

Elektrizität ermöglichte es auch, Nachrichten sehr schnell über sehr lange Strecken zu übermitteln. Das Funktionsprinzip des Telegrafen war recht einfach. Wenn elektrischer Strom durch ein Kabel floß, bewegte sich ein Eisenstift und erzeugte ein klopfendes Zeichen. Samuel Morse entwickelte einen Code für diese Klopfsignale und eröffnete 1844 die erste Telegrafenleitung zwischen Washington D.C. und Baltimore.

Bald verbanden Telegrafenleitungen die meisten Teile der Welt. 1866 wurde sogar ein elektrisches Kabel auf dem Atlantikgrund quer durch den Ozean zwischen den USA und Großbritannien verlegt.

Der schottische Wissenschaftler Alexander Graham Bell war fasziniert von den Telegrafen und bemühte sich, einen „sprechenden Telegrafen" zu konstruieren. Daraus entwickelte sich das Telefon, das Graham Bell um 1876 erfolgreich in den USA vorführte.

DIE ERFINDER

Die Bändigung der Elektrizität führte zu einer regelrechten Welle neuer Erfindungen. Wie bereits geschildert, hatte Thomas Edison sehr viel dazu beigetragen, daß elektrischer Strom zu Beleuchtungszwecken eingesetzt wurde. Während seines langen Lebens konstruierte Edison Hunderte von erstaunlichen neuen Geräten, darunter das erste Filmaufnahmegerät, eine Vervielfältigungsmaschine, einen Plattenspieler und eine Lochstreifenstanze. Guglielmo Marconi baute den ersten funktionierenden Radioapparat und nicht zuletzt konstruierte Werner von Siemens die erste Elektrolokomotive.

ERDÖL

In der Zwischenzeit hatte man eine weitere Energiequelle erschlossen, die die Welt noch mehr verändern sollte als seinerzeit die Dampfkraft. Diese Energiequelle war das Erdöl, das man schon in kleinen Mengen seit Jahrhunderten verwendete. Nach 1870 gab es bereits Lampen und Motoren, die mit Petroleum funktionierten.

Als die Nachfrage nach Erdöl stieg, bohrte man in vielen Teilen der Welt danach. Bald kam es zu einer Erfindung, die Erdöl sogar noch wichtiger werden ließ und ein neues Industriezeitalter einläutete. 1887 baute Gottlieb Daimler den ersten vierrädrigen Kraftwagen mit Verbrennungsmotor.

Das erste Telegramm schickte Samuel Morse 1844 von Washington nach Baltimore. Er erfand den Morse-Code aus langen und kurzen Klopfzeichen, der Wörter in eine Reihe elektrischer Impulse umsetzte.

Sammlung früher Glühbirnen. Edisons Glühbirne mit Glühfaden aus Bambus ist links oben zu sehen.

Lange Zeit verwendete man Öl nur zur Beleuchtung. Bald wurde es aber ein wichtiger Rohstoff für Industrie und Verkehr. Um 1860 errichtete man die ersten Bohrtürme.

ZEITTAFEL UND ERLÄUTERUNGEN

Es läßt sich nicht genau sagen, wann die Industrielle Revolution begann oder endete, denn die Industrialisierung war ein Vorgang, der sich über mehr als 200 Jahre hinzog. Nachstehend sind die wichtigsten Erfindungen und Ereignisse aus dieser Zeit aufgeführt.

1681 Canal du Midi in Frankreich fertiggestellt
1698 Thomas Saverys Dampfpumpe
1701 Jethro Tulls Sämaschine
1709 Abraham Darby schmilzt Eisen mit Koks
1712 Thomas Newcomens Dampfmaschine
1730 Viscount Townshend führt vierfachen Fruchtwechsel ein
1733 John Kays Schnellwebschützen
1745 Robert Bakewell betreibt Zuchtauswahl bei Nutztieren
1752 Benjamin Franklin stellt elektrische Natur des Blitzes fest
1760 Zunahme der Einhegungen in Großbritannien
1764 James Hargreaves Spinnmaschine „Spinning Jenny"
1769 Verbesserte Dampfmaschine von James Watt
1777 „Grand Trunk Canal" in England fertiggestellt
1779 Samuel Cromptons Wasserspinnmaschine „Mule" (Maulesel) für feines Garn
1784 Henry Cort entwickelt das Puddelverfahren für die Eisenherstellung
1785 Claude Berthollet entdeckt die Bleichkraft von Chlor
1785 Edmund Cartwrights Maschinenwebstuhl
1786 Gasbeleuchtung setzt sich in England und Frankreich durch
1789 Erste Baumwollfabrik mit dampfgetriebenen Maschinen
1793 Eli Whitneys Entkörnungsmaschine
1797 Henry Maudslays Drehbank für Schrauben
1800 Alessandro Voltas elektrische Batterie
1802 Erstes Arbeitsgesetz in England
1803 Robert Fultons Dampfschiff
1804 Richard Trevithicks Dampflokomotive
1810 Friedrich Krupp gründet Hüttenwerke in Essen
1815 Humphry Davys Sicherheitslampe für Kohlegruben
1825 Erie-Kanal fertiggestellt
1831 Michael Faraday entdeckt die elektromagnetischen Felder
1832 Cholera-Epidemie in Europa
1834 Charles Babbage beginnt mit dem Bau seiner „analytischen Maschine"; Neues Armengesetz in Großbritannien
1835 Baubeginn an der transkontinentalen Eisenbahnstrecke durch die USA; Samuel Colts Revolver.
1836 John Ericssons Schiffsschraube
1837 I.K. Brunels Dampfschiff „Great Western" überquert den Atlantik
1842 Joseph Lawes Kunstdünger
1845 Hungersnot in Irland infolge der Kartoffelpest
1848 Karl Marx und Friedrich Engels veröffentlichen das „Kommunistisch

Manifest"; Februarrevolution in Paris; Märzrevolution in Deutschland und Österreich
1851 Erste Weltausstellung in London; Isaac Singers Nähmaschine
1856 Henry Bessemers Stahlkonverter
1859 Erster Ölbohrturm in Pennsylvania
1869 Transkontinentale Eisenbahnstrecke durch USA fertiggestellt; Einweihung des Suez-Kanals
1871 Mont-Cenis-Tunnel fertiggestellt
1873 Stacheldraht
1879 Thomas Edisons elektrische Glühbirne
1887 Gottlieb Daimlers erster vierrädriger Kraftwagen mit Verbrennungsmotor

Erläuterungen

Baumwollkapsel: rundliche bis längliche Frucht der Baumwollpflanze.
Brachland: nicht bestelltes Feld zur Nährstoffanreicherung.
Chlor: giftiges, wasserlösliches Gas; früher wichtigstes Bleichmittel für Papier und Textilien.
Cholera: schwere, oft tödliche Infektionskrankheit mit Erbrechen, heftigen Durchfällen und raschem Kräfteverfall.
Deportation: Verbannung von Menschen in vorbestimmte Aufenthaltsorte (z. B. Strafkolonien in Australien) außerhalb des Landes.
Drehbank: Werkzeugmaschine zum Herstellen runder Teile.
Erz: Mineral, aus dem nutzbares Metall gewonnen werden kann.
Fallhammer: Hammer zum Schmieden, dessen Schlagenergie von der Masse des Fallgewichts und der Fallhöhe abhängt.
Flöz: Schicht nutzbarer Sedimentgesteine.
Hängebrücke: mit den Hauptträgern an Drahtseilen hängende Brücke.
Heimarbeit: gewerbliche Arbeit, die nicht in den Räumen des Auftraggebers, sondern für diesen in der eigenen Wohnung ausgeführt wird.
Kolben: in einen Zylinder eingepaßtes Maschinenteil, das durch Hin- und Herbewegen als Pumpe dienen oder Kraft zum Antrieb eines Motors übertragen kann.
Narkose: (bei einer Operation) durch ein Narkosemittel bewirkter schlafähnlicher Zustand, bei dem das Bewußtsein und damit die Schmerzempfindlichkeit ausgeschaltet sind.
Schaufelrad: am Umfang mit Schaufeln besetztes Rad; durch Dampfmaschinen (Diesel- oder Elektromotor) bewegtes Antriebsmittel für Schiffe.
Schiffsschraube: Antriebspropeller, der die Kraft der durchgesetzten, beschleunigten Wassermassen nutzt.
Tagebau: Bergbau an der Erdoberfläche.
Typhus: meist durch verunreinigte Nahrungsmittel oder Trinkwasser übertragene, gefährliche Infektionskrankheit mit Fieber, starken Schmerzen, Darmgeschwüren und schweren Bewußtseinsstörungen.
Webstuhl: Gestell oder Maschine zum Herstellen von Stoffen aus Garn.

Zitate

Richard Jefferies (1848-1887) schrieb zahlreiche Bücher über das englische Landleben.
John Wesley (1703-1791), englischer Wanderprediger und Begründer der Methodistenbewegung.
Thomas Telford (1757-1834), schottischer Ingenieur, der Brücken und Tunnels baute.
Fanny Kemble (1809-1893) englische Schauspielerin.
William Cobbett (1763-1835), radikaler, englischer Politiker, der Bücher und Artikel zur Landwirtschaft veröffentlichte.
Charles Dickens (1812-1870), berühmtester und einflußreichster englischer Romanschriftsteller seiner Zeit.
Friedrich Engels (1820-1895), deutscher Philosoph und Politiker, veröffentlichte zusammen mit Karl Marx das „Kommunistische Manifest".

REGISTER

Kursive Seitenangaben verweisen auf Abbildungen.

Amerikanischer Bürgerkrieg (1861-1865) 13
Arkwright, Richard *10*, 11
Armenhäuser 29, *29*, 34, 35
Aufstände 38
Auswanderung 39, *39*, 40-41

Babbage, Charles 21, *21*
Bakewell, Robert 6, 7
Bauern 4, 7, 29
Baumwolle 10, 12, *13*
Baumwollentkörnungsmaschine 12, *12*, 20
Baumwollfabriken *10*, 11, *13*, 19, *33*
Bell, Alexander Graham 45
Berthollet, Claude 13
Bessemer, Henry 15, *15*
Bevölkerung *4*, 5, 6, 30, *30*, *31*, 41
Booth, William 37
Boulton, Matthew 19
Brindley, James 22
Brücken 15, *15*, 27
Brunel, Isambard Kingdom 26, *26*

Cartwright, Edmund 11
Coalbrookdale *14*, 15
Colt, Samuel 20, *20*
Computer 21
Cort, Henry 15
Crompton, Samuel 11
Cugnot, Nicholas *18*, 19

Dampfkraft 8, 11, 18-19
Dampfmaschinen 18-19, 26
Darby, Abraham 14, *14*
Davy, Humphrey 16
Deere, John 8
Denkmäler *42*, 43, *43*
Dickens, Charles 36, 42
Drainpflug 9
Dresch- und Mähmaschine, kombinierte 8
Dreschmaschine 8
Dünger 9, 21

Einhegung *6*, 7
Einzäunung 9
Eisenbahnen 24-25, *24-25*, 26, 27, *27*, 30, 42

Eisenindustrie 5, 14, 15, 19, 34
Elektrizität 44, *44*, 45
Entwässerung 9
Erdöl 44, 45, *45*
Ernährung 6, *28*, 35

Fabriken 32-33, 34, 36, 42
Faraday, Michael 44, *44*
Franklin, Benjamin 44, *44*
Fruchtwechsel 6, 7, *7*

Gas 21, *21*
Gatling, Richard 20, *20*
Gewerkschaften 39
Glühbirnen 44, *45*

Hargreaves, James 11, *11*
Hochöfen 14, 34
Holzkohle 5, 14
Hungersnöte *38*, 39
Huntsman, Benjamin 15
Hussey, Obed 8

Impfungen 37, *37*

Jenner, Edward 37

Kanäle 22-23, 26-27, *27*
Kanalisation 36, *36*
Kay, John 11, *11*
Kelly, William 15
Kinderarbeit *3*, 16, *16*, 28, 32, *32*
Kohleabbau 16, 17, 19, 34, 36
Koks 14, 15, 21
Krankenhäuser 34, *35*, 37
Krankheiten 34, 35
Kunst 42, *43*

Landwirtschaft 4, *5*, 6, 19, 28
Lawes, Joseph 9
Lesseps, Ferdinand de 27
Liebig, Justus von 8, 9
Lister, Joseph 37, *37*

Macintosh, Charles 21
Mähmaschine 8, 9, *9*
Marx, Karl 39, *39*
„Maschinenstürmer" 38
Maschinenwebstühle 11, 13
Maudslay, Henry 20
McCormick, Cyrus 8, *9*
Medizin 36, 37

Missionen 37
Morse, Samuel 45, *45*

Nähmaschine 13
Narkose 37, *37*
Newcomen, Thomas 18, *18*

Owen, Robert 31

Parrot, Robert 20
Petroleum 45
Pflüge 8, *9*, 15

Ransome, Robert 8
Revolutionen 39
Rigolpflug 9

Säen 6
Salt, Titus 31
Savery, Thomas 18, *18*
Schiffe 26, *40-41*
Schleusen 23, *23*
Schnellwebschützen 11
Schriftsteller 42, 43
Shaftesbury, Lord 36, *36*
Sklaverei 12, 13, *13*, 29
Spinnen 5, 10, *10*
„Spinning Jenny" 11, *11*
Städte 30, 36
Stahl 15, *15*
Stephenson, George 24, *24*
Stoffherstellung 5, *5*, 10

Teer 21
Telefon 45
Telegraf 45
Townshend, Charles (Viscount) 6, 7
Trevithick, Richard 19, 24
Tull, Jethro 6, *6*

Viehzucht 7

Waffen 20, *20*
Wasserkraft 5, 11, 13
Wasserversorgung 34, *35*, 36
Watt, James 18-19, *19*
Weberei 5, *5*, 10, 11
Werkzeugmaschinen 20
Whitney, Eli 12, 20
Wilkinson, John *14*, 15, 20
Windmühlen *4*, 5
Wohnhäuser 29, 31, 34
Wollhandel 10, 13

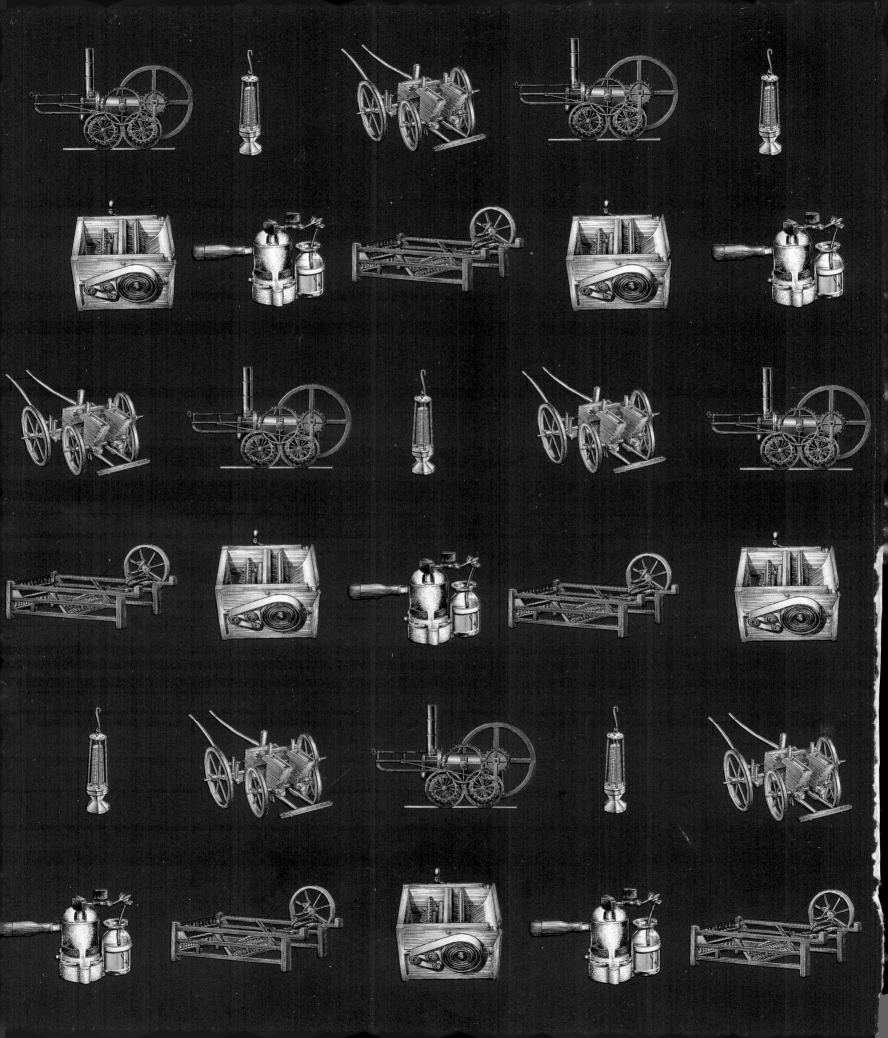